# Mon cahier de Français 6e

NOUVELLE ÉDITION



*Coordinatrice*
**Évelyne BALLANFAT**

**Yves CARON**
Professeur au collège Darras-Riaumont
(Liévin, 62)

Ce manuel applique les recommandations orthographiques de 1990, mentionnées dans le BO n° 11 du 26 novembre 2015. Seuls les extraits d'œuvres littéraires n'ont pas été modifiés.

MAGNARD

# Sommaire

## GRAMMAIRE

### *J'identifie les classes de mots*



### *J'identifie les fonctions*



### *J'analyse la phrase*



## CONJUGAISON



## ORTHOGRAPHE

## VOCABULAIRE

### *Je comprends la formation des mots*



### *Je connais le sens des mots*



### *J'enrichis mon vocabulaire*



### *J'utilise des outils pour écrire*



## ÉVALUATIONS

### *Je révise et je m'évalue*





Édition : Gaëlle Mauduit
Responsable d'édition : Marie Bourboulou
Maquette intérieure et mise en page : Christel Parolini
Illustration de couverture : Lise Hertzog
Maquette de couverture : Aude Cotelli


5, allée de la 2e D.B., 75015 Paris – www.magnard.fr
ISBN : 978-2-210-10478-5

# 1 Le nom

*Je comprends les mots de la grammaire*

Le mot « nom» vient du latin *nomen*, ***nominis***.
Un groupe nominal comporte au moins un nom.

## Ce que je sais déjà

Il y a de longues **années** vivait un **empereur** qui avait une telle **passion** pour les beaux **habits** qu'il dépensait tout son **argent** pour la **toilette**[1]. Il ne s'occupait de ses **soldats**, n'allait au **théâtre**, ou ne se promenait en **voiture** dans les **bois**, que pour montrer ses nouveaux **habits**.

1. les habits.

**H. C. Andersen**, *Les Nouveaux habits de l'empereur*, 1835, trad. M. Auchet, © Le Livre de Poche, 2000.

a. Quelle est la classe grammaticale des mots en gras ?
❑ adjectif ❑ nom ❑ verbe

b. Quel est le genre du mot « passion » ?
❑ masculin ❑ féminin

c. Quel est le nombre du mot « empereur » ?
❑ singulier ❑ pluriel

## Je retiens

### Qu'est-ce qu'un nom ?

- En langage courant, le nom sert à donner l'identité de quelqu'un.
- En grammaire, le nom désigne ce dont on parle. C'est une catégorie de mots, une classe grammaticale.

### Noms propres / noms communs

► Exercice 2

On classe les noms en :

– **noms propres** qui commencent toujours par une majuscule et désignent des personnes (personnages ou peuples), des lieux, dont l'identité est unique.

Ex. : *Molière, la France, les Belges.*

Remarque : le nom propre s'emploie sans déterminant pour une personne, une ville…

– **noms communs** qui désignent les êtres, les objets, les idées, les sentiments...

Ex. : *un élève, une gomme, la liberté, la colère.*

### Genre et nombre

► Exercices 1, 3, 4

Le *nom* a un **genre** unique, donné dans le dictionnaire et connu par les déterminants : *n. m.* (nom masculin) ou *n. f.* (nom féminin). Il est variable en **nombre** (singulier ou pluriel). Ex. : *un chat, les souris.*

### Le groupe nominal

► Exercice 4

Précédé d'un déterminant, le nom forme un *groupe nominal* qui peut être accompagné d'un adjectif, d'un complément du nom...

Ex. : *le **chapeau** → le beau **chapeau** de paille.*

## Je m'exerce

**1 Le déterminant des noms suivants aide-t-il à trouver leur genre ? Classe-les dans le tableau.** Des anses – l'acné – une ébène – cet agrume – le poulpe – la réglisse – les décombres.

| Genre connu | Genre inconnu |
|---|---|
| | |

**2** **Lis ce début de conte.**

Il y avait une fois un pauvre bûcheron qui demeurait au coin d'un bois avec sa femme et ses deux enfants : un garçon qui s'appelait Hänsel et une fille du nom de Gretel. Ils avaient peu de choses à se mettre sous la dent, et une année qu'il vint une grande famine, il fut impossible à l'homme de gagner le pain quotidien.

Une nuit qu'il se tournait et se retournait dans son lit sous le poids des tourments, il dit à sa femme : « Qu'allons-nous devenir ? »

**Grimm**, *Hänsel et Gretel*, trad. Ch. Deulin, 1878.

**a. Entoure les noms propres et souligne les noms communs. Comment as-tu reconnu les noms propres ?**

........................................................................................................

**b. Trouve dans le texte un nom qui désigne un sentiment, deux noms qui indiquent le temps, trois noms qui désignent des êtres vivants.**

........................................................................................................

**3** **a. Relis le texte de l'exercice 2, puis complète le tableau. La première ligne est remplie pour t'aider.**

| Nom | Nombre | Réécris le nom en changeant son nombre |
|---|---|---|
| bûcheron | singulier | bûcherons |
| enfants | | |
| homme | | |
| tourments | | |
| bois | | |

**b. Relève le nom qui est un cas particulier et explique ton choix.**

........................................................................................................

**4** **a. Relis le texte de l'exercice 2, puis complète le tableau.**

| Nom | Genre | Indices trouvés dans le texte (déterminant, adjectif) |
|---|---|---|
| pain | masculin | le/quotidien |
| famine | | |
| dent | | |
| coin | | |
| enfants | | |

**b. Pour quel nom n'as-tu pas trouvé d'indices dans le texte ?**

........................................................................................................

**5** *Autodictée*

**Apprends ce texte par cœur, puis écris-le de mémoire sur une feuille.**

Je tendais mes bras vers le ciel :
mes bras commencèrent à se couvrir de plumes noires et légères.
Je tentais de rejeter ma tunique de mes épaules ; mais c'était
un plumage dont la racine pénétrait au plus profond de ma peau.

**Ovide**, *Les Métamorphoses*, II, 580-584, trad. de D. Robert, © Actes Sud, 2001.

# 2 Les déterminants : articles définis et indéfinis

*Je comprends les mots de la grammaire*

*Articulus* en latin signifie « articulation, assemblage ». L'article s'assemble avec le nom.

## *Ce que je sais déjà*

Dans les forêts dépouillées
Déjà les feuilles rouillées
Font un tapis de velours,
Et l'on entend de l'automne
Gémir le chant monotone
Coupé par des sanglots lourds

**J. Richepin**, *La Chanson des gueux*, 1876.

a. Souligne les déterminants du texte.

b. Recopie les trois groupes nominaux au pluriel.

........................................................................

........................................................................

........................................................................

## *Je retiens*

### Qu'est-ce qu'un article ?

Un **article** est un **déterminant**. Il se place devant le nom avec lequel il forme un **groupe nominal**. Il s'accorde en genre et en nombre avec ce nom.

Ex. : *La France* est *un pays européen.*
GN fém. sing. — GN masc. sing.

### Les déterminants indéfinis

▶ Exercices 1, 2, 4

- L'**article indéfini** (*un, une, des, de*) indique que le nom qui suit n'est pas connu de manière précise. Ex. : *Il était une fois **un** roi et **une** reine…*
Quand un adjectif pluriel précède le nom, on utilise *de* pour *des*.
Ex. : *Ils ont **des** enfants joueurs et **de** grands chiens.*
- L'**article partitif** (*du, de la, de l'*) précède un nom de matière.
Il s'emploie seulement au singulier. On n'en connaît pas la quantité. ▶ Exercice 3
Ex. : *Il a **du** pain et boit **de** l'eau*
Il peut aussi précéder un nom abstrait (idée, sentiment, qualité…).
Ex. : *Il ressent **de la** joie.*

### Les déterminants définis

▶ Exercices 1, 2, 4

- L'**article défini** (*le, la, l', les*) indique que le nom qui suit est précis et déjà connu.
Ex. : *Un roi avait un coq. Quand **le** coq chantait, il pleurait.*
déjà nommé
Il permet d'exprimer une généralité. Ex. : ***Le** chat est un félin.*
= tous les chats
- Les articles *le* et *les* forment les **articles définis contractés** avec les prépositions *à* (au, aux) et *de* (du, des). ▶ Exercice 3
Ex. : ***Au** château, le roi parle **aux** hommes assis près **du** trône et **des** dames.*

## *Je m'exerce*

**1** **Complète ce tableau récapitulatif avec les articles employés dans la leçon.**

| Articles | Singulier | | Pluriel | |
|---|---|---|---|---|
| | Masculin | Féminin | Masculin | Féminin |
| Articles indéfinis | | | | |
| Articles partitifs | | | | |
| Articles définis | | | | |
| Articles définis contractés | | | | |

**2 Lis ce début de conte.**

Une fois, il y a bien longtemps, il était un roi qui avait un joli jardin d'agrément derrière son château, et là il y avait un arbre qui portait des pommes d'or. Quand les pommes furent mûres, on **les** compta mais il en manqua une. On rapporta la chose au roi, qui ordonna qu'on eût chaque nuit à monter la garde sous l'arbre.

**Grimm**, *Contes*, « L'oiseau d'or », 1812, trad. M. Robert, © Éditions Gallimard.

**a. Souligne, dans le texte, le nom et son article indéfini d'un trait, le nom et son article défini de deux traits.**

**b. Dans quelle phrase se trouvent les articles indéfinis ? Et les articles définis ? Pourquoi ?**

..............................................................................

..............................................................................

..............................................................................

**c. Quel est l'article défini contracté dans le texte ? Explique sa formation.**

..............................................................................

**d. Le mot en gras est :** ❑ un déterminant ❑ un pronom

**3 Lis ce début de poème et identifie la nature, le genre et le nombre de chaque mot souligné.**

Depuis huit jours, j'avais déchiré mes bottines
Aux cailloux des chemins. J'entrai à Charleroi.
Au Cabaret-Vert : je demandai des tartines
De beurre et du jambon qui fût à moitié froid. [...]

**A. Rimbaud**, *Poésies*, « Au cabaret vert », 1870.

1. aux cailloux : ..............................................................................
2. des chemins : ..............................................................................
3. au Cabaret-Vert : ..............................................................................
4. des tartines : ..............................................................................
5. du jambon : ..............................................................................

**4 Complète ce texte avec les articles qui conviennent.**

Il était .............. fois .............. fille qui était jeune et belle, mais elle avait perdu sa mère de bonne heure, et sa belle-mère lui faisait subir .............. pires crève-cœurs. Quand elle lui donnait .............. tâche, si lourde qu'elle fût, elle [...] l'accomplissait dans .............. mesure de ses forces. Mais elle ne parvenait pas à adoucir .............. cœur de .............. méchante femme [...].

**Grimm**, *Contes*, « La vraie fiancée », 1812, trad. M. Robert, © Éditions Gallimard.

## 5 *Autodictée*

**Apprends ce texte de Grimm par cœur, puis écris-le de mémoire sur une feuille.**

Il était une fois un soldat qui avait servi fidèlement le roi pendant de longues années ; mais comme la guerre était finie et qu'il ne pouvait pas continuer de servir à cause des nombreuses blessures qu'il avait reçues, le roi lui dit : « Tu peux rentrer dans tes foyers. »

**Grimm**, *Contes*, « La lumière bleue », 1812, trad. M. Robert, © Éditions Gallimard.

# 3 Les déterminants : possessifs et démonstratifs

*Je comprends les mots de la grammaire*

*Determinare* en latin signifie « marquer des limites, fixer ». Le déterminant fixe le genre et le nombre du nom.

## *Ce que je sais déjà*

*Un capitaine de navire s'adresse à Sindbad.*

« J'ai vu de **mes** propres yeux périr Sindbad ; les passagers qui étaient sur **mon** bord l'ont vu comme moi, et vous osez dire que vous êtes ce Sindbad ? Quelle audace ! [...]

*Conte des Mille et Une Nuits*, « Premier voyage de Sindbad », trad. A. Galland.

a. Pourquoi le capitaine ne croit-il pas Sindbad ?

..........................................................................................

b. De quelle nature sont les mots en gras ?

..........................................................................................

c. De quelle nature est le mot souligné ?

..........................................................................................

## *Je retiens*

### Le déterminant possessif

► Exercices 1, 2, 4, 5

- Il indique à qui appartient le nom qu'il détermine, avec qui ce nom est en relation.
  Ex. : *un poisson rouge (inconnu)* ***mon*** *poisson rouge (je le possède)*
- Il varie selon la personne de celui qui possède (1re, 2e, 3e).
  Ex. : *J'aime* ***mon*** *chien, ils préfèrent* ***leurs*** *tortues.*
- Il varie aussi selon le genre (m./f.) et le nombre (sing./pl.) de ce qui est possédé.
  Ex. : *Elle regarde* ***son*** *époux (m. sing.) et* ***ses*** *filles (f. pl.).*
- On emploie *mon/ton/son* avec les noms f. sing. débutant par une voyelle ou certains h.
  Ex. : ***mon*** *amie,* ***ton*** *habitation,* ***son*** *usine.*

| Déterminants possessifs | Singulier | | Pluriel | |
|---|---|---|---|---|
| | Masculin | Féminin | Masculin | Féminin |
| 1re pers. sing. | mon | ma/mon | mes | |
| 2e pers. sing. | ton | ta/ton | tes | |
| 3e pers. sing. | son | sa/son | ses | |
| 1re pers. pl. | notre | notre | nos | |
| 2e pers. pl. | votre | votre | vos | |
| 3e pers. pl. | leur | leur | leurs | |

### Le déterminant démonstratif

► Exercices 1, 3, 4, 5

- Il désigne un élément déjà nommé, connu ou qui peut être montré.
  Ex. : *Regarde* ***ce*** *pantalon rouge dans la vitrine.*
- Il varie selon le genre et le nombre de ce qui est désigné.
  Ex. : *Nous prenons* ***ce*** *manteau,* ***cette*** *veste et* ***ces*** *chaussettes.*
- On emploie *cet* pour les noms m. sing. commençant par une voyelle ou certains h.
  Ex. : ***cet*** *ami,* ***cet*** *homme,* ***cet*** *objet.*

| Déterminants démonstratifs | Singulier | | Pluriel | |
|---|---|---|---|---|
| | Masculin | Féminin | Masculin | Féminin |
| | ce/cet | cette | ces | |

## *Je m'exerce*

**1 Entoure les déterminants possessifs et souligne les déterminants démonstratifs.**

1. Ce capitaine n'y croit pas.
2. Il veut conserver sa cargaison.
3. Sindbad réclame ses biens.
4. Leur témoignage met fin à cette mésaventure.

**2** **Mets entre parenthèses le pronom personnel qui correspond au déterminant possessif.**

Leur professeur (.....................) Ta grand-mère (.....................) Son oncle (.....................)

Mes pulls (.....................) Vos instructions (.....................) Notre commune (.....................)

**3** **Complète le tableau avec le déterminant démonstratif demandé par le nom.**

| | | | |
|---|---|---|---|
| ..................... armoire | ..................... élèves | ..................... stylo | ..................... maison |
| ..................... assiettes | ..................... glace | ..................... habitant | ..................... cheval |
| ..................... automobiliste | ..................... lieu | ..................... ville | ..................... clowns |

**4** **Mets ces phrases au pluriel.**

1. J'ai mon stylo. ..........................................................................
2. Tu entends cet oiseau dans ton jardin. ..........................................................................
3. Elle prend son cahier. ..........................................................................
4. Il voit cette voiture devant son garage. ..........................................................................

**5** **Lis ce passage du conte *La Princesse aux trois couleurs*.**

*Le prince Marhic arrive dans une maison isolée.*

- Bonsoir, mon père ermite, lui dit Marhic.
- Bonsoir, mon enfant, répondit le vieillard ; qui êtes-vous et que puis-je faire pour vous ?
- Je suis le fils du Roi de France, et je voyage depuis longtemps déjà, à la recherche de la Princesse aux trois couleurs. Si vous pouviez me dire où elle habite, vous me rendriez un grand service.
- Oui, mon neveu, je puis te le dire.
- Comment votre neveu ? ... reprit Marhic, étonné.
- Je suis le frère aîné de ton père, mon enfant, et je me suis retiré dans ce bois [...]

**Luzel**, « La Princesse aux trois couleurs », in *Contes merveilleux*, © Magnard Collège, 2002.

**a. Souligne les déterminants possessifs du texte et entoure le déterminant démonstratif.**

**b. Relève les groupes nominaux dont le déterminant possessif n'est pas à la première personne.**

..........................................................................................................................

**6** *Autodictée*

**Apprends par cœur ce petit texte, puis écris-le de mémoire sur une feuille.**

[Le jeune prince] dit au Roi :

- Mon père, je veux pour femme la Princesse aux trois couleurs : noir, rouge et blanc.
- Où donc est-elle, cette Princesse ? répondit le Roi, étonné.
- Je saurai bien la trouver, mon père ; donnez-moi seulement congé pour aller à sa recherche.

Le jeune Prince insista tant, que son père finit par y consentir. Il lui donna le meilleur cheval de ses écuries, une bourse bien garnie, et il partit.

**Luzel**, « La Princesse aux trois couleurs », in *Contes merveilleux*, © Magnard Collège, 2002.

# 4 L'adjectif qualificatif

*Je comprends les mots de la grammaire*

Le mot latin *adjectivus* signifie «qui s'ajoute». L'adjectif s'ajoute à la gauche ou à la droite du nom.

## Ce que je sais déjà

« C'est **amusant**, pensa le petit prince. C'est assez **poétique**. Mais ce n'est pas très **sérieux**. »

Le petit prince avait sur les choses sérieuses des idées très <u>différentes</u> des idées des <u>grandes</u> personnes.

**A. de Saint-Exupéry**, *Le Petit Prince*, XIII, © Éditions Gallimard.

a. À quelle classe grammaticale appartiennent les mots en gras ?
❑ adjectif ❑ nom ❑ verbe

b. À quels mots se rapportent les mots soulignés ?
❑ des déterminants
❑ des noms ❑ des verbes

## Je retiens

### Qu'est-ce qu'un adjectif qualificatif ?

► Exercices 3, 4

- L'**adjectif** donne une précision sur le nom qu'il qualifie. Il s'accorde avec lui en genre et en nombre.
- Il peut être **épithète** (= posé contre) ou **attribut** de ce nom.
  Ex. : *Tu as eu une **bonne** idée. Ton idée est **bonne**.*
  (bonne : épithète ; bonne : attribut)
- Il peut aussi être l'**attribut** d'un pronom, d'un infinitif.
  Ex. : *Tu es **génial**. Partir tôt est **agréable**.*
  (Pour les accords de l'adjectif, voir les leçons 33 et 35.)

### La formation des adjectifs

► Exercices 1, 2

Il existe différents types d'adjectifs qualificatifs :
– les adjectifs simples : ils ont leur propre radical ;
Ex. : *chaud, petit, vrai.*
– les adjectifs dérivés : le radical est un autre mot accompagné d'un suffixe ;
Ex. : *prince > prin**cier**; varier > vari**able**; rouge > roug**eâtre**.*
– les adjectifs venant d'une autre classe grammaticale : des participes présents ou passés, des noms devenus des adjectifs ;
Ex. : *un jeu **amus<u>ant</u>**; des vêtements **us<u>és</u>**; un manteau **orange**.*
– les adjectifs composés : ils sont formés de deux adjectifs variables reliés par un tiret.
Ex. : *sourd-muet.*

## Je m'exerce

**1 Classe dans ce tableau les adjectifs suivants :**

bleuâtre – grand – admirable – propret – propre – sportif – froid – faux

| Adjectifs simples | Adjectifs dérivés |
|---|---|
| | |

✪ **2** a. **Souligne, dans le texte, les onze adjectifs qui qualifient les noms en gras.**

Et en effet, sur la planète du petit **prince**, il y avait, comme sur toutes les planètes, de bonnes **herbes** et de mauvaises **herbes**. Par conséquent, de bonnes **graines** de bonnes **herbes** et de mauvaises **graines** de mauvaises **herbes**. Mais les **graines** sont invisibles. Elles dorment dans le secret de la terre jusqu'à ce qu'il prenne fantaisie à l'une d'elles de se réveiller. Alors elle s'étire, et pousse d'abord timidement vers le soleil une ravissante petite **brindille** inoffensive.

**A. de Saint-Exupéry**, *Le Petit Prince*, V, © Éditions Gallimard.

b. **Parmi les adjectifs soulignés, trouve un exemple d'adjectif venant d'un participe présent. Aide-toi de la leçon pour le trouver.** ……………………

c. **Recopie le groupe nominal qui comporte trois adjectifs.**

……………………

✪ **3** **Complète le texte avec ces adjectifs :** beau – célèbre – français – grand – international – militaire – natal – simple – spacieux. **Pense à les accorder avec les noms qu'ils qualifient.**

Le …………… auteur du *Petit Prince* était un aviateur …………… . Il a appris à piloter à Strasbourg où il a fait son service …………… comme …………… soldat. Lyon, sa ville …………… , lui a rendu un …………… hommage en nommant son aéroport …………… Lyon Saint-Exupéry. Sa statue se trouve sur la …………… place Bellecour, l'une des plus …………… places d'Europe.

✪✪ **4** **Lis ce passage de L'*Odyssée*.**

Ulysse au **grand** cœur était lavé par l'intendante Eurynomé. Elle le frotta d'huile, lui passa un **beau** manteau et une **belle** tunique : Athéna, d'autre part, versa sur sa tête une beauté **charmante**, le faisant paraître et plus **grand** et plus **fort**.

**Homère**, *Odyssée*, XXIII, 153-157, trad. M. Dufour et J. Raison.

a. **Entoure les noms qualifiés par les adjectifs en gras.**

b. **Qui Athéna fait-elle paraitre « et plus grand et plus fort » ? Par quel pronom ce personnage est-il représenté dans la phrase ?**

……………………

c. **Le même adjectif se présente sous deux formes « beau » et « belle ». Pourquoi ?**

……………………

**5** *Réécriture*

**Réécris ce texte en ajoutant au moins un adjectif à chacun des noms (communs ou propres). Prépare ton travail en soulignant les noms que tu dois compléter.**

Une vague lança Ulysse contre un rocher. Il faillit y déchirer son corps. Mais Athéna lui suggéra de saisir la roche de ses mains. Une vague le recouvrit encore. Il nagea jusqu'à la côte et entra dans l'estuaire d'un fleuve. Enfin il s'effondra sur le sable.

D'après **Homère**, *Odyssée*, V

# 5 Le verbe

*Je comprends les mots de la grammaire*

En latin *verbum* signifie « parole ». Un procès-verbal rapporte les paroles d'un témoin ou le constat d'un policier.

## Ce que je sais déjà

*Deux guerriers grecs, Ajax et Diomède, s'affrontent.*

Le grand Ajax […] et Diomède le fort **se lèvent** à l'instant.[…] Ils **marchent** l'un vers l'autre. […] Dès qu'ils se sont assez rapprochés l'un de l'autre, ils **attaquent** trois fois, et trois fois, bondissant, **viennent** au corps à corps. Ajax **entame** alors le bouclier bien rond que porte Diomède, mais sans **toucher** la peau, que **défend** la cuirasse.

**Homère**, *Iliade*, XXIII, 811-819, trad. R. Flacelière.

a. Quelle est la classe grammaticale des mots en gras dans le texte ?
❑ adjectif ❑ nom ❑ verbe

b. Les terminaisons de ces mots sont-elles toujours les mêmes ?
❑ oui ❑ non

c. La terminaison du mot « toucher » est celle d'un :
❑ infinitif ❑ verbe conjugué

## Je retiens

### Qu'est-ce qu'un verbe ?

- Le **verbe** est l'élément important de la phrase, le **noyau** du groupe verbal : il indique ce que fait le sujet.
  Ex. : *Elle mange une pomme dans le salon.* (groupe verbal : *mange une pomme dans le salon*)
- Le sens du verbe peut être modifié par une négation ou un adverbe.
  Ex. : *Il **ne** mange **pas**. Il crie **fort**.*

### La conjugaison du verbe

- Le verbe est **variable** : il se conjugue. Il change de **terminaison** selon :
  – la **personne** du sujet : 1re, 2e, 3e personne du singulier ou du pluriel. ► Exercice 1
  – le **temps** : présent, imparfait, futur… ► Exercice 3
  Ex. : *imparfait indicatif : -ais, -ais, -ait… ; futur indicatif : -ai, -as, -a…*
- Son **radical** change parfois selon la personne ou le temps.
  Ex. : *je finis, nous finissons ; tu étais, tu seras, tu fus…*
  Remarque : les verbes du 2e groupe ont deux radicaux.
- Pour conjuguer les temps composés, le verbe utilise un **auxiliaire** (avoir ou être) avec son **participe passé**.
  Ex. : *j'ai **dormi**, elles sont **revenues**.*
- Le **mode** montre comment se fait l'action. ► Exercices 1, 2, 4

| Modes personnels | Modes impersonnels |
|---|---|
| L'**indicatif** : il situe les faits dans un temps réel. | L'**infinitif** : c'est « le nom » du verbe. |
| Le **subjonctif** : il exprime le souhait, le doute, le possible. | Le **participe** : il est comme « l'adjectif » du verbe. |
| L'**impératif** : il ordonne ou interdit. | |

## Je m'exerce

**1 Voici une liste de verbes. Entoure leurs terminaisons et indique leur infinitif.**

1. chante ……………
2. jeta ……………
3. accomplissait ……………
4. rendez ……………
5. vois ……………
6. tient ……………
7. louerons ……………
8. finirent ……………
9. sera ……………

**2** a. **Complète la deuxième colonne du tableau en donnant l'infinitif.**

b. **Entoure la terminaison de chaque infinitif.**

c. **Complète la dernière colonne du tableau. Il y a parfois deux formes différentes.**

| Forme verbale | Infinitif | Radicaux de la forme verbale et de l'infinitif |
|---|---|---|
| Tu écoutes | | |
| Il arrive | | |
| Nous sortons | | |
| Ils prenaient | | |
| Vous croyez | | |
| Elle grandira | | |

**3** a. **Associe le pronom personnel sujet au(x) verbe(s) qui lui correspond(ent).**

b. **Une personne n'est pas utilisée : conjugue chaque verbe à cette personne au même temps sur la ligne.**

| | |
|---|---|
| je • | • renvoya ........................ |
| tu • | • évitons ........................ |
| il • | • vois ........................ |
| nous • | • diront ........................ |
| vous • | • rendrai ........................ |
| ils • | • voulait ........................ |

**4** **Lis cet extrait de conte africain.**

*Des sirènes sauvent une femme désespérée.*

- Nous n'avons pas de reproche à te faire. L'important, c'est de rester en vie, de reconnaître ses torts pour ne plus refaire les mêmes erreurs. Maintenant, rentre chez toi. Nous essayerons d'arranger les choses.

Les sirènes restaient interdites. Cette histoire ressemblait étrangement à celle **vécue** par l'une de leurs sœurs.

**K. Kamanda**, *Les Contes du griot*, « Le Pêcheur et la sirène », © Magnard Collège, 2005.

a. **Souligne les neuf verbes prononcés par les sirènes. Recopie ceux à un mode personnel.**

........................................................................

c. **À quel mode sont les verbes que tu n'as pas recopiés ?** ........................

d. **Quel est l'infinitif de la forme en gras ? À quelle forme est-elle ?**

........................................................................

## 5 *Autodictée*

**Dans cet extrait, entoure la terminaison des verbes conjugués et souligne leurs sujets. Apprends-le par cœur, puis écris-le de mémoire sur une feuille.**

Le chat se métamorphosa en grand homme, et regardant le prince avec des yeux pleins de colère, il lui dit : « Tu épouseras la princesse, puisque tu as détruit l'enchantement, mais je m'en vengerai. Tu auras un fils qui sera toujours malheureux, car il aura le nez trop long. »

D'après **Mme Leprince de Beaumont**, *Contes*, « Le prince Désir et la princesse Mignonne ».

# 6 Les pronoms personnels

*Je comprends les mots de la grammaire*

Le préfixe latin *pro-* signifie « à la place de ». Le pronom s'emploie à la place du nom.

## *Ce que je sais déjà*

SGANARELLE. – Non, je te dis que je n'en veux rien faire, et que c'est à moi de parler et d'être le maître.

MARTINE. – Et je te dis, moi, que je veux que tu vives à ma fantaisie, et que je ne me suis point mariée avec toi pour souffrir tes fredaines[1].

1. fantaisies.

**Molière**, *Le Médecin malgré lui*, Acte I, sc. 1, 1666.

a. Par quel mot Sganarelle se désigne-t-il ?
❑ je ❑ il ❑ te

b. Par quel mot désigne-t-il son interlocutrice dans la première réplique ?
❑ je ❑ il ❑ te

c. Par quels mots Martine désigne-t-elle Sganarelle ?

..............................................................................................

## *Je retiens*

### Qu'est-ce qu'un pronom personnel ?

Un **pronom** est un mot qui **remplace** un nom. Il peut avoir les mêmes fonctions que lui : sujet, COD, COI, CC... Il prend le genre et le nombre du nom qu'il remplace. Il comporte trois personnes au singulier et trois au pluriel.
Ex. : ***Sganarelle*** *parle* *à Martine*. ***Il*** *lui* *parle.*

### Le rôle des pronoms personnels

► Exercices 2, 3, 4, 5

- Les pronoms de 1re et 2e personne désignent les personnes qui parlent ou à qui l'on parle.
Ex. : ***Je*** *ne me suis pas mariée avec* ***toi.***
- Les pronoms de 3e personne remplacent quelqu'un ou quelque chose dont on a parlé. Ils varient en genre : *il/elle, ils/elles, le/la* mais *l'* devant une voyelle. À cette personne, on trouve aussi le pronom réfléchi *se*, et le pronom indéfini *on*.
Ex. : ***Sganarelle et sa femme*** *sont en colère.* ***Ils*** *se disputent.*
- Certaines formes de pronoms personnels renforcent un nom ou un autre pronom déjà employé.
Ex. : ***Moi, je*** *le veux.* ***Toi, tu*** *refuses.*

### Les formes des pronoms personnels

► Exercice 1

- Les pronoms sujet : *je, tu, il, elle, nous, vous, ils, elles.* ► Exercices 2, 3, 5
- Les pronoms COD : *me, te, le, lui, la, l', se, nous, vous, les, leur, se.* ► Exercices 2, 3, 5
- Les pronoms COI : *me, te, lui, se, nous, vous, les, leur, se.* ► Exercice 4
- Sens renforcé : *moi, toi, lui, elle, nous, vous, eux, elles.* ► Exercice 5

## *Je m'exerce*

**1** **Complète ce tableau avec les éléments du troisième point de la leçon.**

| Pronoms personnels | Fonctions grammaticales | | | |
|---|---|---|---|---|
| | Sujet | COD | COI | Sens renforcé |
| 1re pers. sing. | | | | |
| 2e pers. sing. | | | | |
| 3e pers. sing. | | | | |
| 1re pers. pl. | | | | |
| 2e pers. pl. | | | | |
| 3e pers. pl. | | | | |

**2** **Indique à côté de chaque phrase le pronom personnel sujet qui convient pour remplacer les noms et groupes nominaux en gras.**

1. **Sganarelle** est un bucheron et **sa femme** se nomme Martine. ..........
2. **Les deux époux** vivent près de la forêt. ..........
3. **Moi et ma femme** avons peu d'argent. ..........
4. **Martine et son mari** se disputent souvent. ..........

**3** **Lis cet extrait où la dispute se poursuit entre Sganarelle et Martine.**

SGANARELLE – [...] nous savons ce que nous savons, et tu fus bien heureuse de me trouver.

MARTINE – Qu'appelles-tu bien heureuse de te trouver ? Un homme [...] qui me mange tout ce que j'ai ? [...] J'ai quatre petits enfants sur les bras.

**Molière**, *Le Médecin malgré lui*, Acte I, sc. 1, 1666.

a. **Entoure les pronoms personnels de la première réplique.**

b. **Dans la seconde réplique, indique qui désigne chaque pronom personnel.**

Tu : .......... Te : .......... Me : .......... J' : .......... J' : ..........

**4** a. **Dans ces phrases, souligne d'un trait les pronoms personnels sujet, de deux traits les COD, encadre le COI.**

b. **Entoure le pronom personnel qui en renforce un autre.**

1. Sganarelle est dur avec Martine, lui parle très mal et même la bat.
2. À cause de Martine, des personnes croient qu'il est médecin.
3. Elles le font venir auprès de Lucinde, pour qu'il la guérisse.
4. Elle, elle fait semblant d'être malade.

**5** **Lis cet extrait de récit épique.**

*Hector implore les dieux pour son fils.*

« [Zeus], et **vous** tous, dieux immortels, faites que mon enfant soit, ainsi que **moi**, illustre parmi les Troyens ! Rendez-le fort et courageux pour qu'il règne et commande dans Ilion, afin qu'un jour chacun s'écrie en le voyant revenir du combat : " Il est encore plus brave que son père! " [...]»

**Homère**, *Iliade*, chant VI, 474-480, trad. d'Eugène Bareste.

a. **Quelle est la nature des pronoms en gras ?** ..........

b. **Souligne les pronoms personnels qui désignent le fils d'Hector.**

c. **Donne la fonction de chacun d'eux.** ..........

## 6 *Écriture*

**Un voisin intervient pour réconcilier Martine et Sganarelle. Imagine le dialogue des trois personnages en six à huit répliques. Utilise les pronoms personnels du dialogue. Rédige-le sur une feuille à part.**

# 7 Pronoms démonstratifs et pronoms possessifs

*Je comprends les mots de la grammaire*

Le « démonstratif » montre et désigne un mot déjà employé.
Le « possessif » indique que l'on « possède » ce qu'il désigne.

## Ce que je sais déjà

1. Va revoir les roses. Tu comprendras que **la tienne** est unique au monde.

2. D'abord venait le tour des allumeurs de réverbères de Nouvelle-Zélande et d'Australie. Puis **ceux-ci**, ayant allumé leurs lampions, s'en allaient dormir.

**A. de Saint-Exupéry**, *Le Petit Prince*, XXI et XVI, © Éditions Gallimard.

a. Que remplace « la tienne » ?
❑ ta rose ❑ les roses ❑ tu

b. Que désigne « ceux-ci » ?
❑ les réverbères ❑ les allumeurs de réverbères
❑ les lampions

## Je retiens

Les pronoms démonstratifs et possessifs permettent la **reprise pronominale**.

### Les pronoms démonstratifs

► Exercices 1, 5, 6

- Ils prennent le genre et le nombre du nom qu'ils remplacent.
  Ex. : *Le petit prince aimait* ***sa rose****.* ***Celle-ci*** *était si belle.*
- *Celui, celle, ceux, celles* : pronoms simples toujours précisés par un **élément**.
  Ex. : *Il y des livres ici, mais celui* ***que je cherche*** *n'est pas là.*
  *Il y a des livres ici, mais celui* ***de ma mère*** *n'est pas là.*
  ► Exercice 3
- *Celui-ci, celle-là, ceux-ci, ceux-là, celles-ci, celles-là* : pronoms **renforcés** par **-ci** (proche) ou **-là** (éloigné).
  ► Exercice 4
  Ex. : *Je cherche* ***un livre****.* ***Celui-ci*** *me semble bien.*
- Les pronoms démonstratifs neutres : *ce (c')* dans l'expression « est-*ce* que… ? » ou dans le présentatif « *c'*est….qui/que » ; ses composés *ceci, cela (ça)* qui sont invariables.
  Ex. : ***Ceci*** *ne nous regarde pas.*

### Les pronoms possessifs

► Exercices 2, 6

| Pronoms possessifs | Singulier | | Pluriel | |
|---|---|---|---|---|
| | **Masculin** | **Féminin** | **Masculin** | **Féminin** |
| 1re pers. sing. | le mien | la mienne | les miens | les miennes |
| 2e pers. sing. | le tien | la tienne | les tiens | les tiennes |
| 3e pers. sing. | le sien | la sienne | les siens | les siennes |
| 1re pers. pl. | le nôtre | la nôtre | les nôtres | les nôtres |
| 2e pers. pl. | le vôtre | la vôtre | les vôtres | les vôtres |
| 3e pers. pl. | le leur | la leur | les leurs | les leurs |

Ils renvoient à deux éléments : l'**objet possédé**, la **personne** qui le possède. Ils prennent le genre et le nombre de l'objet possédé et la personne du possesseur (1re, 2e ou 3e personne).
Ex. : *Tu aimes ta fleur, car c'est la tienne. (fleur > fém. sing, tu > 2e pers.).*

## Je m'exerce

**1 Complète ce tableau des pronoms démonstratifs.**

| | Singulier | | | Pluriel | |
|---|---|---|---|---|---|
| | **Masculin** | **Féminin** | **Neutre** | **Masculin** | **Féminin** |
| **Formes simples** | | | | | |
| **Formes composées** | | | | | |
| | | | | | |

**2 Remplace ces groupes nominaux par le pronom possessif qui convient.**

Ex. : Le mouton de l'aviateur : *le sien*

1. La rose du petit prince : ....................
2. L'ami du renard : ....................
3. Ma planète : ....................
4. Les étoiles des personnages : ....................
5. Nos réverbères : ....................
6. Votre avion : ....................

**3 Complète les phrases suivantes avec le pronom démonstratif simple qui convient.**

1. La métamorphose de Narcisse est célèbre, ...................... de Daphné l'est aussi.
2. Les méfaits de Lycaon mettent Jupiter en colère, ...................... de Phaéton aussi.
3. Le corps d'Atlas se transforme en pierre, ...................... de Niobé aussi.
4. Les pierres de Deucalion deviennent des hommes, ...................... de Pyrrha des femmes.

**4 Complète les phrases suivantes avec le pronom démonstratif renforcé qui convient.**

1. Junon transforma les paysans de Lycie. ...................... se mirent à coasser comme des grenouilles.
2. Diane se vengea d'Actéon. ...................... , changé en cerf, fut dévoré par ses chiens.
3. Jupiter récompensa la vieille Baucis. ...................... devint la gardienne de son temple.

**5 a. Entoure dans l'extrait le pronom démonstratif et souligne les déterminants démonstratifs.**

*Le narrateur regarde le petit garçon qui est devant lui.*

Je regardais, à la lumière de la lune, ce front pâle, ces yeux clos, ces mèches de cheveux qui tremblaient au vent, et je me disais : « Ce que je vois là n'est qu'une écorce. Le plus important est invisible… »

**A. de Saint-Exupéry**, *Le Petit Prince*, XXIV, © Éditions Gallimard.

**b. Que remplace le pronom démonstratif ?** ......................................

**6 Lis cette adaptation d'un épisode des *Métamorphoses*.**

*Athéna, sous l'apparence d'une vieille femme, fait un concours de tissage avec Arachné.*

Athéna est furieuse contre Arachné. Celle-ci a osé tisser les amours des dieux sur sa toile, alors que sur la sienne on voit les exploits divins. « Comment oses-tu tisser ce sujet sur la tienne ? » lui lança la déesse en colère. La jeune fille se moquait de cette vieille femme. Alors **celle-ci** reprit son aspect divin et voulut frapper **celle-là** de son fuseau.

D'après **Ovide**, *Les Métamorphoses*, VI.

**a. Quel mot reprennent les deux pronoms possessifs soulignés ?** ......................

**b. Qui est le personnage repris par le pronom démonstratif en gras ?**

celle-ci : ...................................... celle-là : ......................................

## 7 *Réécriture*

**Réécris ces lignes en remplaçant les GN en gras par un pronom démonstratif ou possessif.**

*Le Petit Prince* est l'un des livres les plus lus. **Ce livre** a été traduit dans tous les pays. Chaque enfant peut donc avoir **son livre**. **Les enfants** qui le souhaitent peuvent aussi le trouver en CD. **Les** dialogues sont très connus. Les **dialogues** peuvent être compris par tous.

..............................................................................................

..............................................................................................

..............................................................................................

# 8 Les mots invariables

*Je comprends les mots de la grammaire*

Le préfixe latin *pré-* signifie « devant, avant ». Une préposition se trouve toujours avant le groupe nominal ou l'infinitif qu'elle accompagne.

## Ce que je sais déjà

Alice entendit un bruit de pas pressés **dans** l'escalier. […] **Bientôt** le Lapin arriva à la porte et essaya de l'ouvrir. **Mais** […] cette tentative échoua. […] Elle attendit un moment, **puis**, lorsqu'il lui sembla entendre le Lapin juste **sous** la fenêtre, elle ouvrit **brusquement** la main et fit un grand geste **comme pour** attraper une mouche.

**L. Carroll**, *Les Aventures d'Alice au pays des merveilles*, 1865, trad. J. Papy, © Pauvert/librairie Arthème Fayard, 1961, 2000.

a. Peux-tu mettre les mots en gras au pluriel ?
❑ oui ❑ non

b. Quel est le rôle du mot souligné ?
❑ expliquer ❑ opposer ❑ relier

c. « Dans » et « sous » sont des :
❑ postpositions
❑ prépositions
❑ propositions

## Je retiens

Certains mots sont **invariables** : ils ne changent pas de forme.

### Les adverbes

► Exercices 1, 2, 6

- Un **adverbe** modifie le sens d'un adjectif, d'un verbe ou d'un autre adverbe. Il peut exprimer la quantité (*très, beaucoup*), la manière (*bien, doucement*), le lieu (*ici, loin*), le temps (*maintenant, longtemps*), la négation (*ne… pas*).
- Certains adverbes sont formés d'un adjectif au féminin + le suffixe **-ment**.
Ex. : *Bientôt le Lapin arriva à la porte. Elle ouvrit brusque**ment** la main.*

### Les prépositions

► Exercices 1, 3, 5

- Une **préposition** introduit un complément (groupe nominal, infinitif ).
- Les principales prépositions sont : *à, avec, dans, de, en, par, pour, sans, sous, vers…*
Ex. : *Alice parle à l'animal **dans** l'escalier.*

### Les conjonctions

► Exercices 1, 4, 6

- Une **conjonction** sert à relier des mots, des groupes de mots ou des phrases.
- Les **conjonctions de coordination** (*mais, ou, et, donc, or, ni, car*) relient des éléments qui jouent le même rôle dans la phrase, ou bien deux propositions.
Ex. : *Le Lapin arriva et essaya d'ouvrir la porte.*
- Les **conjonctions de subordination** (*quand, lorsque, parce que…*) introduisent une proposition complément.
Ex. : *Elle ouvrit la main **lorsqu'elle** entendit le lapin.*

## Je m'exerce

**1 Classe les mots invariables suivants dans le tableau :**

or – ne… pas – en – dès que – beaucoup – car – parce que – vivement – sur – longtemps – vers – à.

| Adverbes | Prépositions | Conjonctions |
|---|---|---|
| | | |

**2** Retrouve l'adjectif féminin à partir duquel on a formé chaque adverbe.

1. fortement : ..............................
2. doucement : ..............................
3. lentement : ..............................
4. sportivement : ..............................
5. joyeusement : ..............................
6. follement : ..............................

**3** Classe les prépositions de la liste dans le tableau en respectant l'ordre alphabétique. Certaines peuvent être utilisées deux fois.

Sur – avant – derrière – durant – vers – hors de – chez – dans – sous – après – devant – pendant – par – jusqu'à.

| | |
|---|---|
| **Lieu** | |
| **Temps** | |

**4** Entoure la conjonction de coordination. Souligne les éléments qu'elle relie.

Il y avait presque toujours un creux ou une bosse à l'endroit où elle se proposait d'envoyer le hérisson.

**L. Carroll**, *Les Aventures d'Alice au pays des merveilles*, 1865, trad. J. Papy, © Pauvert/librairie Arthème Fayard, 1961, 2000.

**5** **a. Complète cet extrait avec les prépositions qui conviennent.**

J'aperçus bientôt un vieillard [...] assis .................. le bord .................. un ruisseau [...]. Je m'approchai .................. lui, je le saluai [...]. Je lui demandai ce qu'il faisait là ; mais [...] il me fit signe .................. le charger .................. mes épaules et .................. le passer .................................... du ruisseau, en me faisant comprendre que **c'était** .................. **aller cueillir des fruits.**

*Contes des Mille et Une Nuits*, « Sindbad le marin », trad. A. Galland.

**b. Réécris le passage en gras en ajoutant une indication de lieu. Utilise une préposition.**

..............................................................................................................................

**6** **a. Entoure dans cet extrait deux conjonctions de coordination.**

*Alice aide le Lapin à chercher ce qu'il a égaré.*

Alice devina sur-le-champ[1] qu'il cherchait l'éventail et les gants de chevreau blancs ; très gentiment, elle se mit à les chercher à son tour, mais elle ne les trouva nulle part ; tout semblait changé depuis qu'elle était sortie de la mare : la grande salle, la table de verre et la petite clé avaient complètement disparu. **Bientôt** le Lapin vit Alice en train de fureter **partout**.

1. aussitôt.

**L. Carroll**, *Les aventures d'Alice au pays des merveilles*, 1865, trad. J. Papy, © Pauvert/librairie Arthème Fayard, 1961, 2000.

**b. Souligne un adverbe qui modifie un autre adverbe.**

**c. Indique de quelle sorte est l'adverbe proposé.**

**bientôt :** ❏ lieu ❏ temps **partout :** ❏ lieu ❏ temps

**7** *Énigmes*

**Trouve les conjonctions de coordination homonymes.**

Ex. : *Il dit qu'il ne l'a pas fait :* ***il nie*** *et la conjonction homonyme* ***ni***

1. Véhicule de transport en commun : ..............................
2. Mois de l'année : ..............................
3. Plante qui pique pour décorer : ..............................
4. Métal précieux : ..............................

# 9 L'épithète dans le groupe nominal

**Je comprends les mots de la grammaire**

Le mot « épithète » vient du grec ancien : « épi- » (sur, contre), « -thète » (posé). L'épithète se place tout contre l'adjectif.

## Ce que je sais déjà

Là habite Scylla, dont les cris sont terribles. Crois-moi, sa voix est celle ni plus ni moins d'une **petite** chienne toute jeune ; mais c'est un **méchant** monstre [...]. Elle a six cous fort longs ; sur chacun d'eux, une tête **effrayante**, où sont trois rangées de dents **nombreuses** et **serrées**, pleines du noir de la mort. [...] elle sort ses têtes qu'elle tient au-dehors du gouffre **redoutable**.

**Homère**, *Odyssée*, XII, 85-94, trad. L. Bardollet.

a. Lis le texte en sautant les mots en gras. Le comprends-tu ?
❑ oui ❑ non

b. À quelle classe grammaticale appartiennent les mots en gras ?
❑ nom ❑ adjectif qualificatif ❑ verbe

## Je retiens

### Qu'est-ce qu'une épithète ?

- On dit qu'un adjectif est **épithète** quand il est placé à côté du **nom** qu'il complète.
- L'adjectif épithète s'accorde en genre et en nombre avec le nom qu'il qualifie.

► Exercices 2, 3, 4

### Où se place l'épithète ?

► Exercices 2, 3

- En général, l'épithète suit le nom dans le groupe nominal.
  Ex. : *une tête **effrayante**.*
- Mais elle peut aussi être placée devant, notamment avec un nom propre.
  Ex. : *La **terrible** Scylla*
  ► Exercices 1, 3
- Un nom peut avoir plusieurs épithètes coordonnées ou placées avant et après le nom.
  ► Exercice 2
  Ex. : *Des dents **nombreuses** <u>et</u> **serrées** ; une **petite** chienne toute **jeune**.*

### La classe grammaticale de l'épithète

► Exercices 1, 2, 3, 4

- L'épithète est le plus souvent un **adjectif qualificatif**.
  Ex. : *Un gouffre **redoutable**.*
- Le **participe passé** employé comme adjectif peut également être épithète
  Ex. : *Un gouffre **redouté**.*
  ► Exercice 4

## Je m'exerce

**1 Dans l'*Odyssée*, Homère a utilisé beaucoup d'épithètes à côté des noms propres.**

le divin Ulysse – le blond Ménélas – le bouillant Achille – Calypso aux belles boucles – le fier Alkinoos – Nausicaa aux bras blancs – le rayonnant Hermès

a. **Souligne les groupes nominaux où un adjectif épithète qualifie un nom propre.**

b. **Entoure pour chacun l'épithète.**

**2 Lis ce début de poème.**

J'aime d'un fol amour les monts fiers et sublimes !
Les plantes n'osent pas poser leurs pieds frileux
Sur le linceul d'argent qui recouvre leurs cimes ;
Le soc s'émousserait à leurs pics anguleux.

**T. Gautier**, *Dans la Sierra*, « España », 1845.

**a. Souligne les adjectifs épithètes de ces vers.**

**b. Réécris le second GN du premier vers en remplaçant « monts » par « montagne ».**

..........................................................................................

**3 En face de Scylla, se trouve un autre monstre, Charybde, ainsi décrit.**

Il y a là un .................... **figuier** .................... , avec un **feuillage** .................... , au-dessous duquel, dans un sifflement, la divine Charybde engloutit l'**eau** .................... . Elle la rejette trois fois par jour, et trois fois, dans un **sifflement** .................... , l'engloutit.

**Homère**, *Odyssée*, XII, 103-106, trad. L. Bardollet.

**a. À quelle classe grammaticale appartiennent les mots en gras ?**

..........................................................................................

**b. Complète l'extrait en leur rendant leurs épithètes : grand – luxuriant – noire – sauvage – terrible. Pense à accorder si nécessaire.**

**c. Quelle est la nature du mot dont « divine » est l'épithète ?** ....................

**4 Lis ce début de poème.**

Le rêve du Jaguar

Sous les noirs acajous, les lianes en fleur,
Dans l'air lourd, immobile et saturé de mouches,
Pendent, et s'enroulant en bas parmi les souches,
Bercent le perroquet splendide et querelleur,
L'araignée au dos jaune et les singes **farouches**.

**Leconte de Lisle**, « Le Parnasse contemporain », *Recueil de vers nouveaux*, 1866.

**a. Quel nom est qualifié par trois épithètes ?** ....................

**b. Quelle est la nature de l'épithète soulignée ?** ....................

**c. Explique l'accord en nombre de l'adjectif en gras.** ....................

**d. Que peux-tu dire du genre du nom « acajous » grâce à son épithète ?**

..........................................................................................

**e. Remplace « perroquet » par « perruches ». Écris le groupe nominal obtenu.**

..........................................................................................

## 5 *Écriture*

**À ton tour, en deux ou trois phrases, fais la description d'un être extraordinaire, mais qui, contrairement à Scylla, ne fait pas peur du tout. Utilise au moins six adjectifs épithètes. Pense aux accords.**

# 10 Le sujet

*Je comprends les mots de la grammaire*

Un sujet de conversation, c'est ce dont on parle. Dans une phrase, le groupe verbal « parle » du sujet (= dit quelque chose de lui).

## *Ce que je sais déjà*

*Énée doit quitter la ville de Troie détruite.*

Nous **rassemblons** les hommes. L'été avait à peine commencé, et mon père Anchise nous **pressait** de confier les voiles aux destins.
Je **quittai** alors en pleurant les rivages de ma patrie et ses ports et la plaine où Troie s'est élevée.

**Virgile**, *Énéide*, III, 8-11, trad. A.-M. Boxus et J. Poucet © BCS.

a. Quelle est la classe grammaticale des mots en gras ?
❑ adjectif ❑ nom ❑ verbe

b. Qui « pressait » ?
❑ l'été ❑ nous ❑ mon père

c. Où se situe le sujet par rapport à « pressait » ? ❑ avant ❑ après

## *Je retiens*

### Qu'est-ce qu'un sujet ?

- En langage courant, le sujet est ce dont on parle.
- En grammaire, le **sujet** indique qui fait l'action du verbe.

### Reconnaitre le sujet

▶ Exercices 1, 2, 4, 5

- Le sujet commande l'accord du verbe en personne, en nombre et aussi parfois en genre aux temps composés. Il est généralement placé avant le verbe.
  Ex. : ***Nous** rassemblons les hommes. **Troie** a été bât<u>ie</u> en plaine.*
- On reconnait le sujet en posant la question **qui** ? avec le verbe.
  L'expression **c'est… qui** permet d'isoler et de mettre en valeur le sujet.
  Ex. : *Énée part.* ***Qui** part ? Énée.* ***C'est** Énée **qui** part.*

### La classe grammaticale du sujet

▶ Exercices 1, 3

Le sujet peut être :
– un **nom propre** ou un **groupe nominal** ;
Ex. : ***Mon père Anchise** nous pressait.*
– un **pronom** ;

▶ Exercice 2

Ex. : ***Je** quittai les rivages.*
– un verbe à l'**infinitif**.
Ex. : ***Partir** est nécessaire.*

### Cas particuliers

- Le sujet est parfois **placé après le verbe**, dans l'interrogation par exemple. On l'appelle **sujet inversé**.
  Ex. : *Part-**il** ou reste-t-**il** ?*
- À l'impératif, le verbe s'utilise sans sujet.
  Ex. : ***Quitte** Troie !*
- Si plusieurs verbes ont un même sujet, il peut ne pas être répété.
  Ex. : ***Énée** quitte Troie et part en mer.*

## *Je m'exerce*

**1 Relie chaque sujet au groupe verbal qui lui correspond.**

| | |
|---|---|
| Le poète Virgile • | • font naufrage. |
| Énée • | • a écrit les aventures d'Énée. |
| Des vaisseaux • | • lisons le récit de ses aventures. |
| Nous • | • est un héros de la guerre de Troie. |

**2** **a. Lis cet extrait de conte. Entoure les verbes conjugués et souligne leurs sujets.**

Un riche paysan planté au milieu de la cour de sa ferme laissait ..................
errer son regard sur ses champs et ses jardins. Le grain venait ..................
bien, les arbres du verger étaient chargés de fruits. Les moissons ..................
de l'an passé s'accumulaient encore sur le sol en si grande quantité
que les meules menaçaient de s'effondrer. ..................

**Grimm**, *Contes*, « La tombe », 1812, trad. P. Durand, © Éditions Gründ, 1982.

**b. Indique en bout de ligne le pronom personnel qui pourrait remplacer chaque sujet.**

**3** **Dans ces phrases, souligne le sujet, puis relie-le à sa classe grammaticale.**

| | | |
|---|---|---|
| **1.** Les jeunes enfants aiment lire des contes. | • | • Nom propre |
| **2.** Lire est un vrai plaisir pour les enfants. | • | • Groupe nominal |
| **3.** Ils eurent beaucoup d'enfants. | • | • Pronom |
| **4.** *Cendrillon* est un conte merveilleux. | • | • Infinitif |

**4** **Lis cet extrait de l'*Énéide*. Complète-le en plaçant au bon endroit les sujets suivants :** personne – ils – il – je (2 fois) – mon père – mes compagnons.

« .................. me nomme Achéménide. .................. était pauvre, et .................. partis pour Troie. [...] Au moment où .................. fuyaient en tremblant ces lieux barbares, .................. m'oublièrent et me laissèrent ici dans la vaste caverne du Cyclope. Lui, un colosse : .................. frappe de la tête les hautes étoiles. [...] .................. n'ose ni le regarder ni lui parler. »

**Virgile**, *Énéide*, I, trad. A.-M. Boxus et J. Poucet © BCS.

**5** **Complète ces phrases avec le sujet qui convient.**

**1.** .................. tisse une toile aux fils délicats.
**2.** .................. est un comportement habituel des héros de l'épopée.
**3.** .................. protègent les héros des deux camps devant Troie.
**4.** .................. apprécions encore ces récits antiques.
**5.** .................. inventes toutes tes aventures, Ulysse !

**6** *Dictée préparée*

**Voici le début du conte « Cendrillon ». Souligne chaque verbe conjugué et entoure son sujet.**

Cette femme avait amené avec elle deux filles [...] dont le cœur était laid et noir. Une triste période commença pour la pauvre petite. [...] Elles lui arrachèrent ses beaux habits, lui jetèrent un vieux sarrau[1] gris et lui donnèrent des sabots de bois. « Regardez, comme elle est propre, la fière princesse ! », s'écrièrent-elles en riant.

1. tablier.

**Grimm**, *Contes*, « Cendrillon », 1812, trad. P. Durand, © Éditions Gründ, 1982.

# 11 L'attribut du sujet

*Je comprends les mots de la grammaire*

Le trident est l'*attribut* de Poséidon. L'attribut du sujet permet de reconnaître le sujet, comme le trident permet de reconnaître le dieu grec.

## Ce que je sais déjà

*Ulysse et ses compagnons arrivent à la grotte du Cyclope Polyphème.*

– Qui **êtes**-vous, étrangers ?
– Nous **sommes** des Achéens[1]…
– Dis-moi ton nom, tout de suite.
– Personne **est** mon *nom*.
– Je mangerai Personne le dernier, après ses compagnons.
À ces mots, il se renversa et resta étendu.

1. Grecs.

D'après **J. Vallon**, *L'Histoire d'Ulysse et du Cyclope*, © Éditions Gallimard Jeunesse.

a. Quel est le verbe en gras dans le texte ?
❑ être ❑ avoir

b. Quelle est la fonction des mots soulignés ?
❑ COD ❑ sujet

c. Quelle est la nature du mot en italique ?
❑ adjectif ❑ nom ❑ pronom ❑ verbe

## Je retiens

### Qu'est-ce qu'un attribut du sujet ?

- En langage courant, un attribut est un élément qui permet de reconnaitre quelqu'un, de le différencier des autres.
- En grammaire, l'**attribut** est une **fonction** qui associe une qualité au sujet.

### Où trouver l'attribut du sujet ?

► Exercice 1

- L'attribut du sujet est placé généralement après un verbe appelé **verbe attributif**.
  Ex. : *Nous **sommes** des Grecs. (nous = des Grecs)*
- Les **verbes attributifs** principaux sont les **verbes d'état** : *être, paraitre, sembler, devenir, demeurer, passer pour, avoir l'air, rester*, et certains autres comme : *s'appeler, se nommer, se trouver, vivre…*
  Ex. : *Ulysse **est** mon nom. Je **m'appelle** Ulysse.*
  (Ulysse = mon nom) (Je = Ulysse)
- Il faut bien faire la différence entre l'attribut et le COD : **l'attribut renvoie au sujet**, le COD est différent du sujet.
  ► Exercices 2, 4
  Ex. : *Le Cyclope s'appelle Polyphème (attribut du sujet). (Cyclope = Polyphème)*
  *Le Cyclope appelle ses amis (COD). (Cyclope ≠ ses amis)*

### La classe grammaticale de l'attribut du sujet

L'attribut peut être :

– un **adjectif** qui s'accorde en genre et en nombre avec le sujet ; ► Exercices 2, 3
Ex. : *La grotte est **haute**. Son plafond est **haut**.*

– un **nom** ou un **groupe nominal**. ► Exercice 3
Ex. : *Je suis **Ulysse**. Vous êtes **les amis d'Ulysse**.*

## Je m'exerce

**1** a. **Parmi les verbes suivants, souligne ceux qui sont attributifs.**

être – dire – savoir – sembler – nommer – se nommer – appeler – vouloir – s'appeler – donner – attribuer – avoir – posséder – paraitre – avoir l'air.

b. **Invente une phrase utilisant un des verbes attributifs.**

……………………………………………………………………………………

**2** a. **Souligne les adjectifs qualificatifs dans les phrases suivantes.**
b. **Coche la case qui correspond à leur fonction.**

| | | |
|---|---|---|
| 1. La brillante lune remplaça le soleil. | ❑ attribut | ❑ épithète |
| 2. Alkinoos était fier. | ❑ attribut | ❑ épithète |
| 3. Le rayonnant Hermès lui répondit. | ❑ attribut | ❑ épithète |
| 4. Achille parait furieux. | ❑ attribut | ❑ épithète |
| 5. La nuit était noire. | ❑ attribut | ❑ épithète |

**3** **Lis l'extrait suivant.**

*C'est un prêtre qui répond au roi.*

« Les sirènes sont les femelles des ondins. Et les ondins sont **immortels**. Du fait qu'ils sont **immortels**, ils ne meurent pas. Du fait qu'ils ne meurent pas, ils n'iront pas au Ciel… En conséquence, ils devraient être **tristes**… Mais ils ne sont pas **tristes**, au contraire ! Ils sont **gais** comme des étourneaux[1] ! Donc, ce sont des démons ! Leur existence, à elle seule, est une insulte pour le Bon Dieu. »

1. oiseaux

**P. Gripari**, *Contes de la rue Broca*, « Le Prince Bulb et la sirène », © Éditions de la Table ronde, 1967.

a. **À quelle catégorie appartiennent les mots en gras ?**

❑ groupe nominal ❑ adjectif qualificatif

b. **À quelle catégorie appartiennent les mots soulignés ?**

❑ groupe nominal ❑ adjectif qualificatif

c. **Justifie la terminaison des mots en gras.**

……………………………………………………………………………………………

……………………………………………………………………………………………

**4** a. **Utilise les mots suivants dans le tableau pour obtenir des phrases correctes. Tu peux utiliser plusieurs fois la même expression.**

**Adjectifs :** fou, grec. **Noms :** Poséidon, Ulysse. **GN :** une grosse pierre.

| | Attribut du sujet | COD |
|---|---|---|
| Le Cyclope semble | | |
| Il jette | | |
| Son arme est | | |
| Il appelle | | |
| Son père est | | |
| Il maudit | | |
| Son ennemi s'appelle en fait | | |
| Il est | | |

b. **Quelle réponse est impossible dans la colonne des COD ?**

❑ nom ❑ adjectif ❑ groupe nominal

## 5 Écriture

**Sur une feuille, écris plusieurs phrases décrivant la Belle au bois dormant. Construis-les avec un sujet, un verbe attributif et un attribut du sujet. Essaie de varier les verbes que tu utilises.**

Ex. : *La princesse semblait inanimée. Elle avait l'air d'un ange…*

# 12 Le COD

*Je comprends les mots de la grammaire*

Le mot « complément » est de la famille de « compléter ». Le complément « ajoute » une information.

## *Ce que je sais déjà*

À ces mots, <u>Cupidon</u> [...] **choisit** parmi toutes ses flèches (il en a **des milliers**) la plus pointue et la plus rapide. <u>Il</u> **courbe** l'*arc* sur **son genou** : la flèche vole et **transperce** le *cœur* du farouche Pluton.

**Non** loin des remparts de la cité d'Henna, se trouve un lac profond. [...] C'est dans cet endroit charmant [...] qu'**aime** jouer Proserpine. **Elle** vient y cueillir des *violettes* ou des lis éclatants de blancheur.

**A. Collognat**, *25 métamorphoses d'Ovide*,
© Le Livre de Poche, 2012.

a. À quelle classe grammaticale appartiennent les mots en gras ?
❑ verbe ❑ adjectif ❑ nom

b. À quelle classe grammaticale appartiennent les mots en italique ?
❑ verbe ❑ adjectif ❑ nom

c. Quelle est la fonction des mots soulignés ?
❑ épithète ❑ sujet ❑ attribut

## *Je retiens*

### ■ Qu'est-ce que le complément d'objet direct ?

- Le **Complément d'Objet Direct** (COD) est un **complément essentiel** du verbe : si on le supprime, la phrase perd son sens.
  Ex. : *Cupidon choisit (une flèche).*
- Le COD fait partie du **groupe verbal** : il suit le verbe qu'il complète sans préposition.
  Ex. : *Cupidon <u>choisit une flèche</u>.* ► Exercice 1
  groupe verbal
- On reconnait le COD en posant immédiatement après le verbe la question **quoi ?** ou la question **qui ?**. ► Exercice 2
  Ex. : *Il courbe (quoi ?) l'arc sur son genou.*
  *Il menace (qui ?) Pluton.*
- Un verbe peut avoir plusieurs COD.
  Ex. : *Elle cueille des violettes ou des lis.*

### ■ La classe grammaticale du COD ► Exercice 3

Le COD peut être :
– un **groupe nominal** ;
Ex. : *Elle cueille des lis éclatants.*
– un **verbe à l'infinitif** ;
Ex. : *Je veux venir.*
– une **proposition** introduite par « que » ;
Ex. : *Je veux que tu viennes.*
– un **pronom personnel** (*le, la, l', les, me, te, se, nous, vous, se*) : il se place toujours devant le verbe. Quand le verbe est à l'impératif, il s'attache au verbe avec un tiret.
Ex. : *Elle **les** cueille. **Les** cueille-t-elle ? Cueille-**les**.* ► Exercice 4

## *Je m'exerce*

**1 Le complément souligné est-il un COD ? Coche la case qui convient.**

1. La jeune fille cueille <u>des fleurs</u>. ❑ oui ❑ non
2. Je lui parle <u>de mon jardin</u>. ❑ oui ❑ non
3. Nous craignons <u>la pluie</u>. ❑ oui ❑ non
4. Vous craignez <u>pour votre santé</u>. ❑ oui ❑ non

**2 Lis l'extrait suivant.**

*Pluton vient d'enlever Proserpine.*

Cependant le ravisseur[1] emporte déjà sa proie sur son char, il excite ses chevaux en les nommant tour à tour ; il secoue les rênes sur leur longue crinière noire. Pluton traverse les lacs profonds, les plaines et les vallées, puis il frappe la terre de son sceptre puissant : le sol s'entrouvre et le char disparaît dans le gouffre qui le mène aux Enfers.

1. Pluton, qui l'enlève

**A. Collognat**, *25 métamorphoses d'Ovide*, © Le Livre de Poche, 2012.

a. **Recopie le ou les COD de chaque verbe souligné.**

emporte : ………… excite : ………… secoue : …………

traverse : ………… frappe : …………

b. **De quel verbe le pronom personnel entouré est-il le COD ?**

❏ excite ❏ nommant ❏ secoue

**3 Lis le texte suivant.**

*Cérès, déesse de la nature, part à la recherche de sa fille Proserpine.*

Désespérée de ne rien trouver, elle revient enfin en Sicile. Elle **maudit** la terre entière, ***l'*****accuse** d'ingratitude et la déclare indigne de **porter** ses moissons ; mais elle **accable** surtout de sa haine l'île où sa fille a disparu. D'une main impitoyable, elle **brise** le soc des charrues, **frappe** de mort les paysans et les troupeaux, **détruit** les semences et tous les germes des plantes. Ainsi, la Sicile **perd** toute sa fertilité, si célèbre dans le monde entier.

**A. Collognat**, *25 métamorphoses d'Ovide*, © Le Livre de Poche, 2012.

a. **Souligne les COD des verbes en gras.**

b. **Quelle est la classe grammaticale du COD en italique ?** …………

c. **Réécris la phrase « Elle détruit les semences. » en remplaçant le GN COD par un pronom COD.** …………

**4 Le pronom en gras est-il un COD ?**

1. Cette proie **t'**échappe sans cesse. ❏ oui ❏ non
2. Tu **me** dis que tu m'aimes. ❏ oui ❏ non
3. J'irai **te** chercher jusque dans les Enfers ! ❏ oui ❏ non
4. **Vous** ai-je raconté cette histoire ? ❏ oui ❏ non
5. Elle **les** a vus dans la montagne. ❏ oui ❏ non
6. Ne **la** prends pas avec toi ! ❏ oui ❏ non

## 5 *Dictée préparée*

a. **Entoure les COD du texte.**

*Proserpine porte son nom grec Perséphone. Son époux tente de lui faire boire l'eau de l'oubli.*

Perséphone accepte la coupe d'or ornée de joyaux. L'eau est fraîche et limpide, attirante, inoffensive en apparence. Mais, en la regardant de plus près, Perséphone éprouve un étrange vertige. Sa vision se trouble, ses pensées s'égarent. Prestement, elle éloigne la coupe et verse son contenu sur le sol.

**C. Merle**, *Perséphone, reine des enfers*, © Le Livre de Poche, 2005.

b. **Les mots soulignés peuvent-ils être COD ?** …………

# 13 Le COI et le COS

*Je comprends les mots de la grammaire*

Le complément d'objet *second* vient après un premier complément d'objet, direct ou indirect.

## Ce que je sais déjà

Ainsi que me le disait un vieux chef […] : « Un homme raisonnable ne peut parler **de** choses sérieuses **à** un autre homme raisonnable : il doit s'adresser aux enfants. »
– Père, lui demandai-je, ton totem est-il le plus fort de tous ?
– Oh ! demande aux enfants, voyons, à tous les enfants.

**B. Cendrars**, *Petits Contes nègres pour les enfants des blancs*, « Totems », © Éditions du Portique, 1928.

a. À quelle classe grammaticale appartiennent les mots en gras ?
❑ déterminant ❑ préposition ❑ pronom

b. À quelle classe grammaticale appartiennent les mots soulignés ?
❑ déterminant ❑ préposition ❑ pronom

## Je retiens

Le **Complément d'Objet Indirect** (COI) et le **Complément d'Objet Second** (COS) font partie du groupe verbal. Ils complètent indirectement le verbe et sont le plus souvent introduits par une préposition.

### Reconnaitre un COI

► Exercices 1, 4, 5

- Le COI est relié par une **préposition** (*à, de*…) au verbe qu'il complète. Il répond aux questions **à qui/à quoi ? de qui/de quoi ?** ► Exercice 2
  Ex. : *Demande à tous les enfants.*
- La préposition peut se combiner avec un article défini pour former un article défini contracté (*au, aux, du, des*).
  Ex. : *Demande aux enfants.*
- Le COI est un complément essentiel qui ne peut être déplacé ou supprimé.
  Ex. : *Il s'adresse aux enfants.* (Le verbe n'a pas de sens sans son complément.)
- Le COI peut être :
  – un **groupe nominal** ;
  Ex. : *Il ressemble à son grand frère.*
  – un **pronom** placé sans préposition avant le verbe. À l'impératif, il le suit ;
  Ex. : *Il te ressemble. Ressemble-lui.*
  – un **infinitif.**
  Ex. : *Tu songes à partir tôt.*

### Reconnaitre le COS

► Exercices 1, 3, 4

- Le COS est le second complément d'objet d'un verbe qui en possède déjà un (COD ou COI).
  Ex. : *Le vieux chef confie son secret* ***au guerrier****.*
- Le pronom COS s'emploie sans préposition devant le verbe.
  Ex. : *Le vieux chef* ***lui*** *confie son secret. Il le* ***lui*** *confie.*

## Je m'exerce

**1 Indique si le complément souligné est un COD, un COI ou un COS.**

1. Elle a envoyé un message à ses amis. ……………………
2. Elle attend l'autobus. ……………………
3. Elle a téléphoné à ses amis. ……………………

**2** a. **Complète les phrases suivantes avec une préposition (*à* ou *de*) si nécessaire.**

b. **Note la fonction du groupe nominal complément : COI ou COS.**

1. Est-ce que je **t'**ai parlé .................. ça ? ..................
2. Il faut dire cela .................. quelqu'un. ..................
3. Personne ne s'est aperçu .................. son départ. ..................
4. Ils vendent leur voiture .................. un voisin. ..................

c. **Le pronom personnel en gras de la phrase 1 est un :** ❑ COI ❑ COS

**3** **Le verbe *faire* se construit souvent avec un COD et un COS. Ex. : « faire un sourire à quelqu'un ».**

a. **Trouve trois expressions sur le modèle « faire un/une/des... à... ».**

..................................................................................................................

b. **Écris une phrase simple avec l'un des exemples que tu as trouvés.**

..................................................................................................................

**4** a. **Souligne les pronoms dans les phrases suivantes.**

1. Elle y pense. .................................................................. ..................
2. Elle l'oublie. .................................................................. ..................
3. Elle le lui donne. .................................................................. ..................
4. On s'y habitue. .................................................................. ..................

b. **Réécris ces phrases en remplaçant le pronom par un nom ou un GN de ton choix.**

c. **Souligne les compléments d'objet que tu as inventés et précise à côté s'ils sont COD, COI ou COS. S'ils sont COI ou COS, entoure la préposition que tu as dû utiliser.**

**5** **Souligne le COI de chaque phrase. Puis réécris-la en remplaçant le COI par *en* ou *y*.**

1. Tu abuses de mon temps. ..................................................................
2. Il doute de mes capacités. ..................................................................
3. Vous vous moquez de leur opinion. ..................................................................
4. Ne vous mêlez pas de cette histoire. ..................................................................
5. Je tiens beaucoup à ce pull. ..................................................................

## 6 Réécriture

**Réécris la phrase suivante en remplaçant les groupes nominaux soulignés par des pronoms.**

Le sultan offrit ce superbe collier de perles à Schéhérazade.

..................................................................................................................

## 7 Écriture

**Sur feuille, rédige un petit dialogue de six à huit répliques entre Aladdin et le génie de sa lampe merveilleuse. Utilise des COI avec les verbes *abuser de*, *douter de*, *se moquer de*, *se mêler de*, *tenir à*. Utilise aussi des verbes à construction double (COD et COS), comme *offrir quelque chose à quelqu'un* ou *dire quelque chose à quelqu'un*.**

# 14 Les compléments circonstanciels

*Je comprends les mots de la grammaire*

Un complément circonstanciel ajoute une précision sur le cadre de l'action : son lieu, son moment, le moyen utilisé, la façon de faire… Ce sont les circonstances de l'action.

## *Ce que je sais déjà*

**Entre** les pattes d'un lion
**Un rat** sortit de terre assez à l'étourdie.
**Le roi** des animaux, en cette occasion,
**Montra** ce qu'il était et lui donna[1] la vie. […]
**Cependant** il advint qu'au sortir des forêts
**Ce lion** fut pris dans des rets[2] […].
**Sire rat** accourut, et fit tant par ses dents
**Qu'une** maille rongée emporta tout l'ouvrage.

1. Laissa.
2. Filets.

**La Fontaine**, *Fables*, « Le Lion et le Rat », II, XIX.

a. À quelle classe grammaticale appartiennent les mots en gras ?
❑ déterminant ❑ préposition
❑ pronom personnel

b. Lis le texte en sautant les groupes de mots soulignés. Est-il compréhensible ainsi ?
❑ oui ❑ non

## *Je retiens*

Le **Complément Circonstanciel** (CC) précise dans quelles circonstances se passe l'action.

### Reconnaitre un complément circonstanciel

► Exercices 1, 3, 5

- Les compléments circonstanciels répondent aux questions **où ? quand ? comment ?** (le moyen = l'outil ; la manière = le sentiment, l'intensité).
- Les principaux compléments circonstanciels sont les suivants :
  – **lieu** (CCL) Ex. : *Entre les pattes d'un lion.*
  – **temps** (CCT) Ex. : *En cette occasion.*
  – **moyen** (CCMo) Ex. : *Par ses dents.*
  – **manière** (CCMa) Ex. : *Avec patience.*

### La classe grammaticale du CC

► Exercices 2, 4

- Il s'agit très souvent d'**un groupe nominal introduit par une préposition**.
  Ex. : *Par/avec ses dents.*
- Il peut être un simple **adverbe** ou une **proposition subordonnée**.
  Ex. : *Patiemment. Au moment où le lion sortait d'une forêt.*
- On peut le **déplacer** et le **supprimer** dans la phrase. On ne peut pas le remplacer par un pronom.
  Ex. : *(En cette occasion,) le lion montra sa force.*

## *Je m'exerce*

**1 Indique sur chaque ligne le complément circonstanciel donné par l'expression soulignée.**

1. Le lion a labouré le sol avec ses griffes. ……………………
2. Toute la nuit, il a rugi. ……………………
3. Le rat a surgi devant le lion. ……………………
4. Le rat a réagi avec intelligence. ……………………
5. Patiemment, le rat a libéré le lion. ……………………
6. De ses dents pointues, le rat a rongé le filet. ……………………

**2** **Voici une courte phrase : Un rat sauva un lion.**

a. **Réécris-la en ajoutant un complément circonstanciel de chaque type pour l'enrichir.**

.......................................................................................................................................

.......................................................................................................................................

b. **Identifie chaque CC en le soulignant et en indiquant : CCL, CCT, CCMo, CCMa.**

**3** **Voici le début de l'« Histoire du pêcheur » dans les *Mille et Une Nuits*.**

Il y avait autrefois un pêcheur fort [...] pauvre [...]. Il allait tous les jours à la pêche de grand matin ; et, chaque jour, il s'était fait une loi de ne jeter ses filets que quatre fois seulement.

*Sindbad le marin et autres contes des Mille et Une Nuits*, Coll. Petits Classiques Larousse, © Larousse 2007.

**Souligne les cinq compléments circonstanciels et indique la circonstance exprimée :**
❑ lieu ❑ temps ❑ moyen ❑ manière

**4** **Lis l'extrait suivant.**

*Un jour le pêcheur remonte un âne mort.*

Quand le pêcheur, affligé d'avoir fait une si mauvaise pêche, eut raccommodé ses filets que la carcasse de l'âne avait rompus .................................... *(lieu)*, il les jeta .................................... *(temps)*. En les tirant, il sentit encore beaucoup de résistance [...] mais il n'y trouva qu'un grand panier plein de gravier et de fange[1]. [...] « Ô fortune ! s'écria-t-il .................................... *(manière)* cesse d'être en colère contre moi ! [...] » .................................... *(temps)*, il jeta .................................... *(manière)* le panier, et, après avoir .................................... *(manière)* lavé ses filets que la fange avait gâtés, il les jeta .................................... *(temps)*.

1. boue

*Sindbad le marin et autres contes des Mille et Une Nuits*, Coll. Petits Classiques Larousse, © Larousse 2007.

a. **Complète le texte avec les compléments circonstanciels suivants :**
une seconde fois – en plusieurs endroits – pour la troisième fois – brusquement – bien – d'une voix pitoyable – en achevant ses plaintes.

b. **Préfères-tu le texte avec ou sans les compléments circonstanciels ? Pourquoi ?**

.......................................................................................................................................

**5** a. **Souligne les compléments circonstanciels de ces extraits de fables de La Fontaine.**

b. **Utilise les abréviations (CCT, CCL, CCMo, CCMa) pour identifier le complément.**

1. Elle alla crier famine chez la fourmi sa voisine. ....................
2. Je vous paierai [...] avant l'août. ....................
3. Autrefois, le rat de ville invita le rat des champs d'une façon fort civile. ....................
4. Un agneau se désaltérait dans le courant d'une onde pure. ....................
5. Eux venus, le Lion par ses ongles compta [...]. ....................

## 6 Réécriture

**Réécris les trois premières phrases de l'exercice 5 en imaginant un nouveau CC. Tu n'es pas obligé de garder les rimes.**

1. Elle alla crier famine .................................... (CCL)
2. Je vous paierai [...] .................................... (CCT)
3. .................... (CCT), le rat de ville .................................... (CCMa)

# 15 La phrase verbale et la phrase non verbale

*Je comprends les mots de la grammaire*

Une « phrase verbale » comporte obligatoirement un verbe conjugué. Une « phrase non verbale » n'en a aucun.

## *Ce que je sais déjà*

LE DÉFENSEUR. – Objection, Votre Honneur.
LE JUGE. – Objection rejetée. Je vous en prie, Maître, continuez.
L'AVOCAT DE LA PARTIE CIVILE. – Merci. Je cite. Après que le Loup se fut déguisé en Grand-Mère, le Petit Chaperon Rouge entra dans la chaumière sans se méfier. L'enfant s'étonna de voir la porte ouverte.

**Z. Petan**, *Le Procès du loup*,
adapt. P. Roudy, © Éditions Magnard.

a. Où se passe cette scène ?
❑ chez le Chaperon rouge ❑ dans une chaumière ❑ dans un tribunal

b. Souligne les verbes conjugués du texte. Combien en trouves-tu ? ..............

c. Relève la phrase sans verbe la plus courte. ..............

## *Je retiens*

Une phrase est une suite de mots qui a du sens. À l'écrit, elle débute par une majuscule et finit par une ponctuation forte (./!/?/...).

### La phrase non verbale

► Exercices 1, 2, 4, 5

Une phrase sans verbe peut exprimer l'émotion à l'oral grâce à des **interjections** *(Ah !)*, des **pronoms** *(Qui ? Moi ?)*, des **adverbes** *(Bien !)*, des **adjectifs** *(Superbe !)*, des **noms** *(Merci !)*.

### La phrase verbale

► Exercices 1, 2, 3, 4, 5

- Elle s'organise autour d'un verbe conjugué, noyau de la phrase.
  Ex. : *Sortez !* (verbe à l'impératif)
- En général, la phrase verbale se construit ainsi : sujet – verbe – complément(s).
  Ex. : *L'avocat défend le loup.*
  S V COD
- Le verbe et ses compléments essentiels forment le **groupe verbal** (GV).
  Ex. : *Il leur cite l'auteur du conte.*
  GV

## *Je m'exerce*

**1 Lis ce nouvel extrait de la pièce.**

LE JUGE. – Connaissez-vous l'accusé ?
L'OURS. – **Oui**.
LE JUGE. – **Ah**...
L'OURS. – **Très bien**.
LE JUGE. – **Ah**...

**Z. Petan**, *Le Procès du loup*,
adapt. P. Roudy, © Éditions Magnard.

a. **Combien y a-t-il de phrases verbales ?** .................. **De phrases non verbales ?** ..................

b. **Quelle est la nature des mots en gras ?** ..................

**2** a. **Souligne une phrase non verbale dans ce texte.**

*En janvier 1664, Molière devient majeur.*

Six mois plus tard, Jean-Baptiste trempe sa plume dans l'encrier et signe au bas de la page. Encore une signature ! **Mais celle-ci lui fait beaucoup plus plaisir.** *Il vient de signer l'acte de naissance d'une troupe de théâtre, l'Illustre-Théâtre.*

**B. Labbé et M. Puech**, *Molière*, © Éditions Milan, 2004.

b. **Combien la suite de mots en italique contient-elle de phrases ? Justifie ta réponse.**

.................................................................................................................................

c. **La phrase en gras est une phrase :** ❑ verbale ❑ non verbale

**3** **Lis ce passage et mets chaque phrase entre crochets.**

Dans quelques semaines, les répétitions vont commencer, Jean-Baptiste embauche des danseurs et des musiciens. Il passe de plus en plus de temps à chercher de l'argent pour pouvoir terminer les travaux. Tout le monde est impatient d'ouvrir les portes au public.

**B. Labbé et M. Puech**, *Molière*, © Éditions Milan, 2004.

a. **Combien y a-t-il de phrases non verbales ?** ❑ 0 ❑ 1

**De phrases verbales ?** ..................................................

b. **Combien y a-t-il de groupes verbaux conjugués ?** ..................................................

**4** **Transforme ces phrases non verbales en phrases verbales.**

Ex. : *Silence.* → *Taisez-vous.*

1. Défense de parler durant le spectacle ! ..................................................
2. De l'eau pour Molière. ..................................................
3. Dehors ! ..................................................

**5** **Transforme ces phrases verbales en phrases non verbales.**

Ex. : *Taisez-vous.* → *Silence.*

1. Voulez-vous des fleurs pour Madame ? ..................................................
2. Je veux du pain. ..................................................
3. Je suis émerveillé par ce spectacle. ..................................................

**6** **Utilise certaines phrases des exercices 4 et 5 pour écrire un bref dialogue. Précise à chaque réplique si c'est une phrase verbale ou non verbale.**

– ..................................................................................................................

– ..................................................................................................................

– ..................................................................................................................

– ..................................................................................................................

## 7 Écriture

**Sur une feuille, rédige le même message de deux manières différentes, le premier en style télégraphique en utilisant des phrases non verbales, le second en utilisant des phrases verbales. Choisis des personnages de conte pour l'expéditeur et le destinataire.**

Ex. : *Impossible venir – Stop – Mère-grand malade – Stop – (phrases non verbales)*

*Je ne peux venir à ton invitation, car Mère-grand est malade. (phrase verbale)*

# 16 La phrase simple et la phrase complexe

*Je comprends les mots de la grammaire*

« Complexe », veut dire en latin « compliqué, qui comporte de nombreux plis ». « Simple » vient d'un mot latin signifiant « avec un seul pli ».

## Ce que je sais déjà

1. Hector part au combat.
2. Le courageux Hector, muni de ses armes flamboyantes, part au combat, après ses adieux à sa famille.
3. Andromaque est triste, parce que son mari Hector part au combat.

a. Observe les phrases et souligne les verbes conjugués.

b. Quelles phrases sont des phrases « simples » ?

❏ 1 ❏ 2 ❏ 3

## Je retiens

### ■ La phrase simple

► Exercices 1, 2, 3, 4

- Une phrase **simple** comporte **un seul verbe conjugué**.
- La phrase **minimale** est une phrase simple avec seulement **un sujet** et **un groupe verbal**.

**Ex. :** *<u>Le roi</u> <u>habite un immense château.</u>*
sujet — groupe verbal

- Une phrase simple peut comporter des compléments circonstanciels (adverbes ou prépositions + GN).

**Ex. :** *La princesse dormit <u>longtemps</u> <u>dans une chambre retirée du château</u>.*
adverbe — groupe prépositionnel CC Lieu

### ■ La phrase complexe

► Exercices 3, 4, 5

- Une phrase **complexe** comporte **au moins deux verbes conjugués**. L'ensemble des mots organisés autour de chaque verbe s'appelle **une proposition**.
- La phrase complexe peut être composée de :
  – propositions **juxtaposées**, séparées par une virgule (,), deux-points (:) ou un point-virgule (;) ;

**Ex. :** *Le roi <u>dort</u> : il <u>est</u> fatigué par la chasse.*

  – propositions **coordonnées**, reliées par une conjonction de coordination (mais, ou, et, donc, or, ni, car) ;

**Ex. :** *Le roi <u>dort</u> **car** il <u>est</u> fatigué par la chasse.*

  – propositions dont l'une commence par un **pronom relatif** (qui, que, où...) ;

**Ex. :** *Le roi, **que** la chasse <u>a fatigué</u>, <u>dort</u> profondément.*

  – propositions dont l'une ou plusieurs commencent par une conjonction de subordination (quand, parce que...).

**Ex. :** ***Quand** vient le soir, le roi <u>dort</u> profondément, **parce que** la chasse l'<u>a fatigué</u>.*

**Remarque :** la proposition sans mot introducteur s'appelle *la proposition principale*.

## Je m'exerce

✪ **1** a. **Souligne le ou les verbes conjugués et écris si la phrase est simple ou complexe.**

1. Patrocle prend les armes d'Achille. → phrase : ...........
2. Quand Hector s'élance, il croit voir Achille. → phrase : ...........

b. **Explique si la phrase suivante est simple ou complexe. Aide-toi des mots de la leçon :**

Andromaque prit son fils dans les bras et Hector partit à la tête de son armée pour le combat.

..........................................................................................

..........................................................................................

**2 Souligne la phrase minimale dans cette longue phrase simple.**

Dans une forêt obscure et effrayante, le Petit Poucet et ses six frères sèment avec précaution les miettes d'un pain rassis pour éviter de se perdre avant la tombée de la nuit.

**3 Lis cet extrait de récit épique.**

Les Troyens[1] de leur côté quittent la mêlée[2] brutale. Ils détellent[3] des chars leurs chevaux rapides et se forment en assemblée avant de songer au repas du soir. Mais on reste debout pour cette assemblée ; nul qui ose s'asseoir, la terreur les tient tous : Achille a reparu, qui avait depuis si longtemps quitté la bataille amère !

1. habitants de Troie. – 2. bataille. – 3. détachent

**Homère**, *Iliade*, XVIII, 243-248, trad. P. Mazon.

a. **Mets une barre verticale après chaque point. Combien de phrases le texte comporte-t-il ?**

.........

b. **Souligne tous les verbes conjugués du texte, puis recopie la phrase simple.**

.................................................................................................................................

**4 Lis cet extrait de récit épique.**

Gilgamesh régnait sur le pays d'Uruk, et c'était un terrible tyran. Il faisait de tous les jeunes hommes ses esclaves, enlevait les filles et les femmes pour en faire ses servantes dans son palais, si bien que ses sujets étaient fort mécontents. Fatigués de sa conduite, les gens d'Uruk se plaignirent aux dieux. Anu, le maître du ciel, entendit leur prière et eut pitié de leur malheureuse condition.

**P. Grimal**, *L'Histoire de Gilgamesh*, © Alternatives, 2004.

a. **Les phrases soulignées sont :**

❑ juxtaposées ❑ coordonnées

b. **Recopie la phrase simple du texte, et souligne, dans ta réponse, les éléments de la phrase minimale.**

.................................................................................................................................

**5 Lis attentivement ces phrases.**

1. Le Chaperon rouge se dépêche car sa mère le lui a demandé.
2. La maison où habite sa Mère-grand est à l'entrée du village.
3. Quand le loup voit le Chaperon rouge, il s'adresse à elle poliment.
4. Sur le chemin, le Chaperon rouge court longtemps après des papillons multicolores.
5. Le loup arrive chez Mère-grand avant la petite fille, parce que celle-ci s'attarde en chemin.
6. À l'arrivée de la fillette, le loup, qui déjà a dévoré Mère-grand, parle à travers la porte d'une grosse voix.

a. **Souligne tous les verbes conjugués.**

b. **Quelle est la phrase simple ?** ...

c. **Quelles sont les phrases complexes avec une proposition relative ?** .........

## 6 *Écriture*

**Sur une feuille, réécris cette phrase simple cinq fois en la rendant de plus en plus complexe :**
Un bûcheron arrive.

# 17 Les quatre types de phrase

*Je comprends les mots de la grammaire*

Une *injonction* est un ordre donné par un juge ou un officier. Une phrase injonctive exprime un ordre ; on dit aussi « impérative ».

## Ce que je sais déjà

**Les Quatre cents coups**
Quand le chat n'est pas là
que font les souris ?
Les souris dansent, les souris pensent
« On s'amuse bien, le chat est parti ! »

**C. Roy**, *Enfantasques*, © Éditions Gallimard, 1974.

a. Réécris le proverbe avec lequel joue le poète.

..............................................................................

b. De quel type est la première phrase ?

..............................................................................

c. De quel type est la dernière phrase ?

..............................................................................

## Je retiens

On distingue quatre types de phrase qui permettent de **faire une déclaration**, **poser une question**, **donner un ordre** ou **s'exclamer**.

### ■ La phrase déclarative

► Exercices 1, 2, 3, 4

Elle sert à donner une information, raconter un évènement ou exprimer une idée. Elle se termine le plus souvent par un **point**. Le sujet est en général placé avant le verbe.
Ex. : ***Elle** le voit.*

### ■ La phrase interrogative

► Exercices 1, 2, 3, 4

- Elle permet de poser une question. Elle finit par un **point d'interrogation**.
- Le sujet s'inverse ou pas selon le niveau de langue.
  Ex. : *Veux-**tu** danser ? Est-ce que **tu** veux danser ? **Tu** veux danser ?*
- On distingue les interrogations **totales** (réponse : « oui » ou « non ») et les interrogations **partielles** (autres types de réponse).
  Ex. : *Veux-tu danser ? Non. → interrogation totale*
  *Qui danse ? Les souris. → interrogation partielle sur le sujet*

### ■ La phrase injonctive

► Exercices 1, 2, 3

- Elle est utilisée pour exprimer un **ordre**, un **conseil** ou une **défense**.
- Le verbe est à l'**impératif**, au futur simple de l'indicatif ou à l'infinitif.
  Ex. : *Dis ce que tu penses. Ne mens pas.*

### ■ La phrase exclamative

► Exercices 1, 3

Elle sert à exprimer des **émotions** (surprise, joie, colère…). Elle finit par un **point d'exclamation**.
Ex. : *Aïe ! Ça fait mal !*

## Je m'exerce

**1 Indique à la suite de chaque phrase son type.**

1. Le chat est-il là ? ..............................
2. Attention au chat ! ..............................
3. Je ne le vois pas. ..............................
4. Ne mangez pas ce fromage. ..............................

**2** **Lis la réplique suivante.**

*Sganarelle s'adresse à sa fille.*

SGANARELLE. – [...] ne puis-je savoir d'où vient cette grande langueur[1] ? Découvre-m'en la cause[2], et **je te promets que je ferai toutes choses pour toi**. Oui, tu n'as qu'à me dire le sujet de ta tristesse, [...] il n'y a rien que je ne fasse pour te satisfaire. C'est tout dire.

1. tristesse, mélancolie. – 2. dis-moi pourquoi.

**Molière**, *L'Amour médecin*, Acte I, sc. 2, 1665.

a. **Combien de phrases cet extrait contient-il ?** ..............................

b. **De quel type est la première ?**

❏ déclarative ❏ interrogative ❏ injonctive ❏ exclamative

c. **De quel type est la proposition soulignée ?**

❏ déclarative ❏ interrogative ❏ injonctive ❏ exclamative

d. **De quel type est la proposition en gras ?**

❏ déclarative ❏ interrogative ❏ injonctive ❏ exclamative

**3** a. **Écris à côté de chaque phrase si elle est déclarative, interrogative, injonctive ou exclamative.**

b. **Relie chaque phrase à l'interjection qui lui correspond.**

| | | |
|---|---|---|
| 1. Ça fait mal ! .............................. | • | • Aïe ! |
| 2. Qu'est-ce que tu as dit ? .............................. | • | • Miam ! |
| 3. C'est une catastrophe. .............................. | • | • Chut ! |
| 4. Viens voir. .............................. | • | • Pssst... |
| 5. Je me régale. .............................. | • | • Hein ? |
| 6. Tais-toi ! .............................. | • | • Oh là là... |

**4** a. **Voici des questions employées à l'oral. Réécris-les en inversant le sujet et réponds à chaque question.**

1. Comment tu vas ?

..............................

2. Tout va bien ?

..............................

3. Tu as bien dormi ?

..............................

4. Pas fait de cauchemars ?

..............................

b. **Laquelle de ces questions est une interrogation partielle ?** ..............................

## 5 *Énigmes*

**Réponds à chaque énigme par le nom d'un type de phrase.**

1. J'ai un point de crochet pour m'achever. ..............................
2. Je peux interdire et interdire d'interdire. ..............................
3. Mon métier, c'est l'information. ..............................
4. Trait point, point trait, c'est mon point. ..............................

# 18 La ponctuation

*Je comprends les mots de la grammaire*

« Ponctuer un texte », c'est mettre la ponctuation : d'abord les points, mais aussi tous les autres signes.

## *Ce que je sais déjà*

Le petit prince rougit de nouveau. Il ne répondait jamais aux questions, mais, quand on rougit, ça signifie « oui », n'est-ce pas ?
« – Ah ! lui dis-je, j'ai peur… »

**A. de Saint-Exupéry**, *Le Petit Prince*, XXV,
© Éditions Gallimard.

**a.** Les signes soulignés sont des :
❏ guillemets ❏ parenthèses

**b.** Relie chaque signe à son nom.

point d'exclamation • • !

point d'interrogation • • ?

## *Je retiens*

La **ponctuation** donne des repères dans le texte : elle délimite les phrases et les groupes de mots. Elle précise le sens et le ton à donner. Elle rythme la lecture.

### ■ Les signes marquant des pauses

► Exercices 1, 2, 3, 5

Après un (.), un (?), un (!), on met une majuscule.

| Nom | Fonction | Exemple et signe |
|---|---|---|
| point | fin de phrase déclarative ou injonctive | *Le petit prince sourit.* |
| point d'interrogation | marque de la question | *Tu viens d'ailleurs ?* |
| point d'exclamation | marque de l'émotion (joie, surprise, colère...), injonction | *Quelle idée !* |
| points de suspension | hésitation, inachèvement, parole coupée dans un dialogue | *J'ai peur...* |
| point-virgule | pause plus marquée que la virgule entre deux propositions | *Il atterrit un jour vers une heure ; personne n'était là.* |
| virgule | pause entre des mots ou des G.N., énumération | *Il rêve d'étoiles, de tigres, de moutons et de roses.* |

### ■ Les signes de la parole rapportée

► Exercices 3, 4

Après un (:), des (« »), un (-), on met une majuscule.

| Nom | Fonction | Exemple et signe |
|---|---|---|
| deux-points | introduire des paroles rapportées ou des explications | *Il dit : « J'ai des amis : ma rose, le mouton… »* |
| guillemets | encadrer des paroles rapportées | *Il demande : « Dessine-moi un mouton. »* |
| tiret | introduire les paroles d'un personnage | *– C'est mon avion, dit le pilote perdu.* |
| parenthèses | encadrer un commentaire ou une précision | *– Son ami (le sais-tu ?) est parti.* |

## *Je m'exerce*

✪ **1 Complète ces phrases avec la ponctuation qui convient.**

**1.** Le pilote n'avait ni eau.... ni carte.... ni boussole....

**2.** L'aviateur a rencontré un enfant dans le désert....

**3.** Quel plaisir de te rencontrer....

**4.** Quel âge a-t-il....

**2 Lis cet extrait. Entoure tous les signes de ponctuation.**

Lorsque j'avais six ans j'ai vu, une fois, une magnifique image, dans un livre sur la forêt vierge qui s'appelait *Histoires vécues*. Ça représentait un serpent boa qui avalait un fauve.

**A. de Saint-Exupéry**, *Le Petit Prince*, I, © Éditions Gallimard.

a. **Quel signe de ponctuation est à l'intérieur de la première phrase ?** ........................................

b. **Combien y a-t-il de phrases ? Comment le sais-tu ?** ........................................

**3 Complète ces phrases avec le nombre de signes indiqué entre parenthèses. Compte les guillemets ou les points de suspension pour un seul signe.**

1. Elle lui demande ... ... Peux-tu venir un instant ... ... (3)
2. ... Qui êtes-vous ...
   ... Je suis votre nouveau voisin...
   ... Quelle heureuse surprise ... (6)
3. Georges examina le contenu de sa trousse ... une gomme... (4)
   un taille-crayons... des stylos et des crayons de couleur...
4. Allô... allô... il y a quelqu'un ... (3)
5. Abigail frappa à la porte... ... Un instant ... ... (4)
   cria une voix de l'intérieur...

**4 Lis l'extrait suivant.**

*Le petit prince explique l'importance de sa rose.*

Puisque c'est elle dont j'ai tué les chenilles (sauf les deux ou trois pour les papillons). Puisque c'est elle que j'ai écoutée se plaindre, ou se vanter, ou même quelquefois se taire. Puisque c'est ma rose.

**A. de Saint-Exupéry**, *Le Petit Prince*, XXI, © Éditions Gallimard.

a. **Souligne la partie du texte où le petit prince donne une précision.**

b. **Entoure les signes de ponctuation qui marquent une énumération.**

c. **Relève les trois actions énumérées :** ........................................

**5 Mets la ponctuation de ce texte. Plusieurs solutions sont possibles.**

UN – Drelin drelin...

DEUX – Pourquoi vous faites ... drelin drelin ...

UN – Ça... c'est vous qui m'avez appris le truc... le jour où la sonnette marchait pas... vous avez fait ... drelin drelin... Vous m'avez même dit que c'était du Molière...

DEUX – Oui... drelin drelin c'est dans *Le Malade malgré lui*... Non... dans *Le Médecin imaginaire*...

**R. Dubillard**, « Au restaurant », *Les Diablogues*, © Éditions Gallimard, 1976.

## 6 *Écriture*

**À ton tour, sur une feuille, imagine un court dialogue (huit répliques environ) entre le narrateur et le petit prince qui aimerait l'aider à réparer son avion. Essaie d'utiliser tous les signes de ponctuation étudiés.**

# 19 La forme négative

*Je comprends les mots de la grammaire*

Le verbe latin « negare » a donné « nier » en français. Une négation sert à nier, à dire non.

## Ce que je sais déjà

*Ulysse prétend s'appeler Personne et blesse le Cyclope qui crie à l'aide. Ses amis lui répondent.*
« Puisque personne n'emploie contre toi la violence et que tu es seul, c'est que tu as une maladie que t'envoie le grand Zeus ! Il n'y a pas moyen de l'éviter ! Tu **n**'as **qu**'à prier le seigneur Poséidon, ton père. »

**Homère**, *Odyssée*, IX, 410-412, trad. L. Bardollet.

**a.** Les amis du Cyclope entendent le mot « personne » comme ❑ un nom propre ❑ un mot négatif

**b.** Trouve un adjectif de sens négatif pour remplacer la phrase soulignée. ..............................

**c.** Quel est le sens de la négation en gras ?
❑ vraiment ❑ seulement

## Je retiens

### La forme négative

► Exercices 1, 4

- Une phrase est à la **forme négative** quand le verbe est encadré par les deux éléments d'une **négation**. Quand il n'y a pas de négation, la phrase est à la **forme affirmative**.
  **Ex. :** *Je mange.* (Forme affirmative) *Je ne mange pas.* (Forme négative au temps simple) *Je n'ai pas mangé.* (au temps composé)
- Une phrase à la forme négative **nie** (= dire non) l'action évoquée par le verbe.
- L'adverbe **non** répond à une interrogation totale.
  **Ex. :** *– Puis-je... ? – Non. (= tu ne peux pas...)*

### Les différentes négations

► Exercices 2, 3, 5

| Ne (n' devant voyelle) | Sens | Exemple |
|---|---|---|
| pas<br>point | Action niée ou refusée. | *Ne parlons pas de ça.*<br>*Ne parlons point de ça.* |
| plus | Fin d'action | *Il ne chante plus.* |
| pas encore | Attente d'action | *Elle n'est pas encore partie.* |
| jamais | Pas de temps | *Nous ne rions jamais.* |
| nulle part | Pas de lieu | *Vous n'allez nulle part.* |
| guère | Petite quantité | *Ils n'ont guère le choix.* |
| aucun<br>nul + NOM<br>pas un | Quantité nulle d'un élément | *Je n'ai aucun ami.*<br>*Tu n'en as nulle envie.*<br>*Il n'a pas un sou.* |
| rien | Quantité nulle | *Vous ne voulez rien.* |
| personne | Quantité nulle | *Ils ne craignent personne.* |
| que | Quantité réduite | *Nous n'avons qu'un ami.* |

### La conjonction de coordination ni

► Exercice 5

Elle s'emploie pour nier deux éléments ensemble.
**Ex. :** *Ce village n'est ni beau, ni laid.*

## Je m'exerce

**1 Indique si la phrase est à la forme négative ou affirmative.**

1. Le Cyclope ne voit plus. ..............................
2. La ruse d'Ulysse a bien fonctionné. ..............................
3. Ses amis ne le comprennent pas. ..............................
4. Ils le croient encore endormi. ..............................

**2 Lis cet extrait.**

LUCINDE. – Ah ! Je suis heureuse, si cela est véritable !

CLITANDRE. – N'en doutez point, Madame. Ce n'est pas d'aujourd'hui que je vous aime [...]. Je ne suis venu ici que pour cela [...]. Cet habit n'est qu'un pur prétexte inventé, et je n'ai fait le médecin que pour m'approcher de vous.

LUCINDE. – C'est me donner des marques d'un amour bien tendre.

**Molière**, *L'Amour médecin*, Acte I, sc. 2, 1665.

a. **Entoure les différents mots négatifs de l'extrait.**

b. **Explique la présence de l'apostrophe dans les « n' ».**

.................................................................................................

**3 Transforme ces phrases en phrases négatives. Utilise la négation qui convient.**

1. Je crois encore ses paroles. ..........................................
2. Martine est toujours en colère. ..........................................
3. M. Robert est leur voisin et leur ami. ..........................................

**4 Lis cet extrait.**

MARTINE. – De quoi vous mêlez-vous ?

M. ROBERT. – J'ai tort.

MARTINE. – Est-ce là votre affaire ?

M. ROBERT. – Vous avez raison. [...]

MARTINE. – Qu'avez-vous à voir là-dessus ?

M. ROBERT. – Rien.

MARTINE. – Est-ce à vous d'y mettre le nez ?

M. ROBERT. – Non.

**Molière**, *Le Médecin malgré lui*, Acte I, sc. 2, 1666.

a. **Quelle est la forme des phrases de M. Robert ?** ..........................................

b. **Remplace les phrases non verbales de M. Robert par des phrases verbales négatives.**

1. Rien. ..........................................
2. Non. ..........................................

**5 Lis cet extrait. Entoure les éléments de négation.**

*Nausicaa s'adresse à Ulysse qu'elle vient de découvrir.*

« – Étranger, tu n'as l'air ni sans noblesse, ni sans esprit. [...] Chez nous, rien ne te manquera de ce qu'on doit aux suppliants. »

Et se tournant vers ses suivantes bouclées :

« L'avez-vous pris pour un ennemi ? Nous n'en avons pas, tant les dieux nous aiment ! [...] Ce n'est qu'un pauvre naufragé. »

**J. Martin**, d'après Homère, *L'Odyssée*, coll. Contes et Légendes, © Éditions Nathan, 1998.

**Sur les cinq phrases de l'extrait, combien sont de forme négative ?**

❑ 2 ❑ 3 ❑ 4 ❑ 5

## 6 *Écriture*

**Sur une feuille, rédige un texte où Ulysse explique aux servantes de Nausicaa tout ce qu'il a perdu depuis son départ de Troie (ses compagnons, son bateau, des années, sa famille...). Emploie, une fois au moins, chacune des négations du tableau de la leçon.**

# 20 L'infinitif et les trois groupes

*Je comprends les mots de la grammaire*

Un verbe à un mode « personnel » utilise toutes les personnes. Les modes « impersonnels » (infinitif, participe) n'utilisent pas les « personnes » : leurs formes sont uniques.

## Ce que je sais déjà

[…] Il m'a suffi
De ce petit roseau cueilli
À la fontaine où vint l'Amour
**Mirer** un jour
Sa face grave,
Et qui pleurait,
Pour **faire pleurer** ceux qui passent
Et **trembler** l'herbe et **frémir** l'eau ;
Et j'ai, du souffle d'un roseau,
Fait **chanter** toute la forêt.

**H. de Régnier**, « Odelette », 1897.

a. À quelle classe grammaticale appartiennent les mots en gras ?
❑ adjectif ❑ nom ❑ verbe

b. À quelle personne est conjugué le verbe souligné ?
❑ 1^re^ pers. sing. ❑ 3^e^ pers. sing.

c. Quel est l'infinitif du premier verbe conjugué du texte ? ……………………………………

## Je retiens

### ■ L'infinitif et ses emplois

▶ Exercice 4

- **L'infinitif** est un **mode impersonnel**, c'est-à-dire qu'il ne peut pas se conjuguer à différentes personnes. Dans le dictionnaire, on trouve les verbes à l'infinitif.
  Ex. : *chanter, faire, frémir, mirer, pleurer.*
- Un infinitif peut être le sujet d'un verbe.
  Ex. : ***Fumer** tue.*
- Un verbe précédé d'une préposition est à l'infinitif.
  Ex. : *Il est en train **de dormir**.*
- Certains verbes sont suivis d'un infinitif (*faire, laisser, voir, écouter*…).
  Ex. : *Tu le vois **souffrir** et tu le laisses **pleurer** !*

### ■ Qu'appelle-t-on les verbes du 1^er^, du 2^e^ ou du 3^e^ groupe ?

- On classe les verbes en trois groupes selon leur infinitif. ▶ Exercices 1, 3
- Le **1^er^ groupe** rassemble les verbes dont l'infinitif se termine par **-er**, sauf le verbe *aller.*
  Ex. : *Aimer, chanter, trembler.*
- Le **2^e^ groupe** rassemble les verbes dont l'infinitif se termine par **-ir** et qui finissent par **-issent** à la 3^e^ personne du pluriel du présent de l'indicatif. ▶ Exercice 2
  Ex. : *Frémir > ils frémissent.*
- Le **3^e^ groupe** rassemble **tous les autres verbes** : *aller*, les verbes en -ir qui ne sont pas du 2^e^ groupe, et des verbes en **-re**, en **-oir**… ▶ Exercice 3
  Ex. : *Faire, prendre, savoir.*

## Je m'exerce

**1** **Dans cette liste, souligne les verbes à l'infinitif.**

Créées – volez – né – demander – vinrent – choisissent – tapissent – attendre – pouvoir – vends – traire – trait – fournir – admettaient – boire – reproduire – allés – vérifier – métamorphosèrent.

**2** **a. Voici une liste de verbes en -ir. Entoure ceux qui sont du 2e groupe.**

Mentir – mourir – périr – grandir – sortir – ramollir – agir – tenir.

**b. À quel groupe appartiennent les autres ?** ..............................

**3** **Lis ce poème.**

Quitter un appartement. Vider les lieux.
Décamper. Faire place nette. Débarrasser le plancher.
Inventorier ranger classer trier
Éliminer jeter fourguer
Casser
Brûler
Descendre desceller déclouer décoller dévisser décrocher
Débrancher détacher couper tirer démonter plier couper
Rouler
Empaqueter emballer sangler nouer empiler
rassembler entasser ficeler envelopper protéger
recouvrir entourer serrer
Enlever porter soulever
Balayer
Fermer
Partir

**G. Perec**, « Déménager », *Espèces d'espace*, 1974/2000,
© Éditions Galilée.

**a. Combien y a-t-il de verbes ? Ne compte pas le titre cité entre guillemets.** ..............

**b. Sous quelle forme apparaissent tous ces verbes ?** ..............................

**c. Souligne les verbes du 3e groupe. Comment sais-tu qu'ils appartiennent à ce groupe ?**

..............................

..............................

..............................

**d. Quel mot se termine par -er, mais n'est pas un verbe du 1er groupe ?** ..............

**4** **Complète les phrases avec la forme verbale qui lui convient parmi les trois propositions.**

1. Georges veut .............................. son appartement. (quittait, quitté, quitter)
2. Il a .............................. ses vêtements. (triait, trié, trier)
3. Les déménageurs vont .............................. le tapis. (roulaient, roulé, rouler)
4. Ils .............................. les cartons. (entassaient, entassé, entasser)
5. Il ne lui reste qu'à ............................... (balayait, balayé, balayer)

## 5 Écriture

**Sur une feuille, écris un poème à la manière de Georges Perec. Au brouillon, fais une liste d'une vingtaine d'infinitifs sur une activité longue (emménagement, sport, sortie…) puis classe-les dans l'ordre où sont faites les actions. Vérifie l'exactitude des terminaisons.**

# 21 Lire un tableau de conjugaison

*Je comprends les mots de la grammaire*

*Antérieur* signifie « qui a lieu avant ». Le futur antérieur indique une action qui a lieu avant celle d'un verbe au futur.

## Ce que je sais déjà

**a.** Donne la signification des abréviations suivantes :

pers. : .................................. sing. : ..................................

pl. : ..................................

**b.** Explique l'expression « temps simple » en haut de la colonne centrale.

..................................................................................................

## Je retiens

- **Conjuguer** un verbe, c'est donner toutes les formes de ce verbe selon la personne (1re, 2e, 3e du singulier ou du pluriel) et le temps (présent, passé, futur).
- **Analyser** une forme verbale, c'est indiquer : l'infinitif du verbe, son groupe, la personne et son nombre (sing./pl.), le temps et le mode (ici l'indicatif)
  Ex. : *vous lûtes* → *lire*, 3e groupe, 2e pers. du pluriel, passé simple, indicatif.

### ■ Mode indicatif

| LIRE | Temps simples | Temps composés |
|---|---|---|
| | **Présent** | **Passé composé** |
| **1re pers. sing.** | je lis | j'ai lu |
| **2e pers. sing.** | tu lis | tu as lu |
| **3e pers. sing.** | il/elle lit | il/elle a lu |
| **1re pers. pl.** | nous lisons | nous avons lu |
| **2e pers. pl.** | vous lisez | vous avez lu |
| **3e pers. pl.** | ils/elles lisent | ils/elles ont lu |
| | **Imparfait** | **Plus-que-parfait** |
| **1re pers. sing.** | je lisais | j'avais lu |
| **2e pers. sing.** | tu lisais | tu avais lu |
| **3e pers. sing.** | il/elle lisait | il/elle avait lu |
| **1re pers. pl.** | nous lisions | nous avions lu |
| **2e pers. pl.** | vous lisiez | vous aviez lu |
| **3e pers. pl.** | ils/elles lisaient | ils/elles avaient lu |
| | **Passé simple** | **Passé antérieur** |
| **1re pers. sing.** | je lus | j'eus lu |
| **2e pers. sing.** | tu lus | tu eus lu |
| **3e pers. sing.** | il/elle lut | il/elle eut lu |
| **1re pers. pl.** | nous lûmes | nous eûmes lu |
| **2e pers. pl.** | vous lûtes | vous eûtes lu |
| **3e pers. pl.** | ils/elles lurent | ils/elles eurent lu |
| | **Futur simple** | **Futur antérieur** |
| **1re pers. sing.** | je lirai | J'aurai lu |
| **2e pers. sing.** | tu liras | tu auras lu |
| **3e pers. sing.** | il/elle lira | il/elle aura lu |
| **1re pers. pl.** | nous lirons | nous aurons lu |
| **2e pers. pl.** | vous lirez | vous aurez lu |
| **3e pers. pl.** | ils/elles liront | ils/elles auront lu |

- Le tableau de conjugaison :
  – présente côte à côte un **temps simple** (une seule forme verbale) et le **temps composé** correspondant.
  – utilise des **pronoms personnels sujets**

- Le temps composé est formé de deux parties :
  – l'**auxiliaire** qui se conjugue (il indique la personne et le temps),
  – le **participe passé** du verbe (qui donne le sens).
  Ex. : *nous aurons lu* → *1 verbe conjugué : LIRE*
  Remarque : Le temps composé exprime un fait antérieur ou achevé.

## Je m'exerce

**1 Relie chaque forme simple à la forme composée qui lui correspond.**

| | | | |
|---|---|---|---|
| il fut • | • il a été | ils furent • | • ils ont été |
| il est • | • il aura été | ils étaient • | • ils auront été |
| il sera • | • il eut été | ils sont • | • ils avaient été |
| il était • | • il avait été | ils seront • | • ils eurent été |

**2 Observe le tableau de la leçon, puis complète les phrases ci-dessous avec les mots suivants :** présent – personnes – passé simple – temps – futur – un mot – deux mots – singulier – pluriel – imparfait.

1. L'indicatif est un mode personnel : ses .................................. comportent tous six .................................. : trois au .................................. trois au ..................................
2. Un verbe conjugué à un temps simple s'écrit en ..................................
3. Un verbe conjugué à un temps composé s'écrit en ..................................
4. Passé composé = auxiliaire au .................................. + participe passé
5. Plus-que-parfait = auxiliaire à l' .................................. + participe passé
6. Passé antérieur = auxiliaire au .................................. + participe passé
7. Futur antérieur = auxiliaire au .................................. + participe passé

**3 Conjugue ces verbes au temps simple correspondant sans changer la personne.**

1. j'ai dit : ..................................
2. tu avais su : ..................................
3. il a été : ..................................
4. nous serons arrivés : ..................................
5. vous aviez entendu : ..................................
6. elles eurent fait : ..................................

**4 Conjugue ces verbes au temps composé correspondant sans changer la personne.**

1. je fais : ..................................
2. tu verras : ..................................
3. elle mit : ..................................
4. nous sentons : ..................................
5. vous pensiez : ..................................
6. ils tourneront : ..................................

**5 Dans une phrase complexe, on peut avoir un temps simple dans une proposition et le temps composé correspondant dans l'autre. Complète ce tableau.**

Ex. : *Puisqu'il (finir)* a fini *son livre, je lui en* **propose** *un nouveau.*

| Temps simple | Temps composé | Exemple |
|---|---|---|
| présent | | *Quand on* (voir) .......................... *un épisode, on les connait tous !* |
| imparfait | | *Comme nous l'*(voir) .......................... *autrefois, nous savions à quoi il ressemblait.* |
| passé simple | | *Dès qu'il* (trouver) .......................... *la porte, il frappa.* |
| futur | | *Ils viendront m'aider quand ils* (finir) .......................... |

**6 À l'aide du tableau, analyse chaque forme verbale en donnant les six indications suivantes dans l'ordre :** infinitif – groupe – personne – nombre – temps – mode.

Ex. : *J'ai dormi : dormir, 3e groupe, 1re pers. du sing., passé composé, indicatif.*

1. Tu chercheras : ..................................
2. Ils auront trouvé : ..................................
3. On découvre : ..................................
4. Vous changiez : ..................................
5. J'eus fini : ..................................
6. Elle prit : ..................................
7. Nous avons appris : ..................................
8. L'élève avait dit : ..................................

# 22 La conjugaison du présent de l'indicatif

*Je comprends les mots de la grammaire*

Le lien *conjugal* est le lien du mariage. Le verbe «se marie» au sujet en se conjuguant.

## Ce que je sais déjà

– Quelle prétention ! **s'exclama** le fromager[1]. Tu sembles oublier que tu es le plus petit de nous trois. Tu ne peux pousser que dans la vase et tes racines qu'on aperçoit dans l'eau te font ressembler à un baobab[1] à l'envers.

1. Noms d'arbres africains.

**J. Muzi**, *15 contes du Sénégal*, « Les Trois arbres »,
© Éditions Flammarion, 2005.

a. Le verbe en gras est-il au présent? ❑ Oui ❑ Non

b. Quel est le sujet des verbes suivants?

peux : ............ aperçoit : ............
font : ..............................

c. Donne l'infinitif du verbe souligné. ............................

## Je retiens

Le présent de l'indicatif est un temps simple.

### ■ Verbes à radical simple

► Exercices 1, 2, 3

| Les verbes du 1er groupe | | Les verbes du 2e groupe | |
|---|---|---|---|
| • Ils se terminent par :<br>Ex. : *aimer → aim → -er*<br>*j'aim**e**, tu aim**es**, il aim**e**, nous aim**ons**, vous aim**ez**, ils aim**ent**.* | -e<br>-es<br>-e<br>-ons<br>-ez<br>-ent | • Ils se terminent par :<br>Ex. : *finir → fin → -ir*<br>*je fin**is**, tu fin**is**, il fin**it**, nous fin**issons**, vous fin**issez**, ils fin**issent**.* | -is<br>-is<br>-it<br>-issons<br>-issez<br>-issent |

Cas particuliers

– Verbes en **-cer** : 1re pers. pl. -c- → -ç- **Ex. :** *nous plaçons.*
– Verbes en **-ger** : 1re pers. pl. -g- → -ge- **Ex. :** *nous nageons.*
– Verbes **appeler** et **jeter** : consonne doublée devant -e **Ex. :** *j'appe**ll**e, ils je**tt**ent.*
– Verbes en **-yer** : -i- au sing. et à la 3e pers. pl. **Ex. :** *j'envo**i**e, ils bala**i**ent.*
– Les verbes *assaillir, couvrir, cueillir, offrir* du 3e groupe suivent aussi la conjugaison en **-e**. **Ex. :** *j'offre, nous offrons, ils offrent.*

### ■ Verbes à radicaux multiples : les verbes du 3e groupe

► Exercices 1, 4

• Au singulier, la 1re et la 2e pers. se terminent en général par **-s**,
sauf pouvoir, valoir, vouloir en **-x**. **Ex. :** *je peu**x**, tu veu**x**.*

• La majorité des verbes se terminent par **-t** à la 3e pers. sing.,
sauf les verbes en **-endre** en **-d**. **Ex. :** *il pren**d**.*

• Au pluriel, tous ces verbes se terminent par : **-ons**, **-ez**, **-ent**,
sauf pour : ils ont (avoir), ils sont (être), ils vont (aller), ils font (faire).

• Les verbes essentiels à connaitre : *avoir, être, aller, dire, faire, pouvoir, prendre, savoir, venir, voir, vouloir.*

## Je m'exerce

**1** **Écris la 1re pers. du sing. des verbes suivants :**

placer : ............ nager : ............ jeter : ............ balayer : ............
assaillir : ............ couvrir : ............ cueillir : ............ valoir : ............
avoir : ............ être : ............ aller : ............ faire : ............

**2** **Complète le tableau avec les formes demandées.**

| 1re pers. et 3e pers. sing. présent indicatif | | 1re pers. pl. présent indicatif | |
|---|---|---|---|
| étudier | | rentrer | |
| arriver | | rappeler | |
| décider | | lancer | |
| souhaiter | | interroger | |
| appeler | | viser | |
| jeter | | serrer | |

**3** **a. Complète le tableau avec les formes demandées.**

| 2e pers. sing. et pl . présent indicatif | | 3e pers. pl. présent indicatif | |
|---|---|---|---|
| gémir | | brandir | |
| salir | | hennir | |
| faiblir | | murir | |
| réussir | | avertir | |
| bâtir | | durcir | |

**b. À quel groupe appartiennent ces verbes ?** ..............................................................................

**4** **a. Complète le tableau avec les formes demandées.**

| 1re pers. sing. et 3e pers. pl. présent indicatif | | 1re pers. sing. et 3e pers. pl. présent indicatif | |
|---|---|---|---|
| partir | | rendre | |
| plaire | | couvrir | |
| pouvoir | | devoir | |
| écrire | | tenir | |
| courir | | venir | |
| faire | | prendre | |

**b. À quel groupe appartiennent ces verbes ?** ..............................................................................

**5** **Complète, si nécessaire, la terminaison des verbes par -e, -s, ou –t.**

MARTINE : Et tu prétend...... , ivrogne, que les choses aillent toujours de même ? [...]

SGANARELLE : Ma femme, vous savez que j'ai...... l'âme endurante et que j'ai...... le bras assez long.

MARTINE : Je me moqu...... de tes menaces.

SGANARELLE : Ma petite femme, ma mie[1], votre peau vous démang......, à votre ordinaire[2].

MARTINE : Je te montrerai bien que je ne te crain...... nullement. [...]

Croi......-tu que je m'épouvant...... de tes paroles ?

1. mon amie. – 2. comme d'habitude.

**Molière**, *Le Médecin malgré lui*, Acte I, sc. 1, 1666.

## 6 *Réécriture*

**Sur une feuille, réécris le texte au présent de l'indicatif.**

Un orage éclata. De nombreux éclairs zébrèrent le ciel gris. Le tonnerre se fit violemment entendre. Tout trembla et la foudre s'abattit sur le fromager[1] [...]. Le baobab[1] et le palétuvier[1] s'en allèrent tristement en regrettant la disparition du prince du village, qui au fond n'était qu'un arbre comme eux.

1. noms d'arbres africains.

**J. Muzi**, *15 contes du Sénégal*, « Les Trois arbres », © Éditions Flammarion, 2005.

# 23 L'emploi du présent de l'indicatif

*Je comprends les mots de la grammaire*

Ce qui est *actuel* se passe en ce moment : c'est l'actualité. Un verbe au présent d'actualité parle de l'action au moment même où elle se passe.

## Ce que je sais déjà

UN : Oui. Nous n'**avons** pas de pot.
DEUX : Non. Attendez. Je **sais** où chercher un pot. On **vend** des pots au rez-de-chaussée de l'immeuble.
UN : Chez un marchand de pots ?
DEUX : Il ne **vend** pas que des pots. [...] C'**est** un quincaillier.

**R. Dubillard**, *Les Nouveaux Diablogues*, © Gallimard, 1988.

a. À quelle classe grammaticale appartiennent les mots en gras ? ❑ adjectif ❑ nom ❑ verbe

b. À quel temps de l'indicatif sont-ils conjugués ? ❑ imparfait ❑ présent ❑ futur

c. Le verbe souligné est au présent. Est-il à l'indicatif ? ❑ oui ❑ non

## Je retiens

Le **présent de l'indicatif** est un temps simple. Il exprime le plus souvent l'idée que l'action se passe au moment où l'on parle, mais il a aussi d'autres valeurs.

### Le présent d'actualité ou présent d'énonciation

► Exercices 1, 2

Le présent d'énonciation sert à énoncer (= dire) quelque chose qui existe à l'instant où on le dit.
Ex. : *Il **est** onze heures moins le quart.*

### Le présent d'habitude

► Exercices 1, 3

Il exprime la répétition d'une action. Il est accompagné de compléments de temps indiquant cette répétition (parfois, souvent, chaque soir, tous les jours...).
Ex. : *Chaque soir, il lui **raconte** une histoire.*

### Le présent de vérité générale

► Exercices 1, 2, 4

Il permet de parler de quelque chose qui est vrai tout le temps. On le trouve dans de nombreux proverbes, dans les définitions et dans les livres de sciences.
Ex. : *La raison du plus fort **est** toujours la meilleure. (La Fontaine)*
*L'eau **bout** à cent degrés.*

### Le présent de narration

► Exercices 1, 3, 4

Il est utilisé dans un récit au passé. Il accélère le récit et le rend dramatique.
Ex. : *Un agneau se désaltérait / Dans le courant d'une onde pure /*
*Un loup **survient** à jeun, qui cherchait aventure [...] (La Fontaine)*

## Je m'exerce

**1 Identifie la valeur du présent souligné dans chacune des phrases.**

1. Je roulais paisiblement. Soudain, un piéton traverse. ........................
2. Pierre qui roule n'amasse pas mousse. ........................
3. Tu m'écoutes quand je te parle ? ........................
4. Elle écrit souvent la nuit. ........................

**2** Voici des phrases au présent. Quelle est la valeur de ce présent pour chaque phrase ? Coche la bonne case.

| Présent de... | Actualité/énonciation | Vérité générale |
|---|---|---|
| Je me sens un peu malade aujourd'hui. | | |
| On a toujours besoin d'un plus petit que soi. | | |
| Tu es sure de ce que tu me dis là ? | | |
| Il ne faut jamais dire jamais. | | |
| Il est exactement 22h09. | | |
| Les hommes sont tous les mêmes. | | |
| Rien ne sert de courir ; il faut partir à point. | | |
| Je ne sais pas où je suis ! | | |

**3** Même consigne pour cet exercice.

| Présent de... | Habitude | Narration |
|---|---|---|
| Je marchais tranquillement et, boum, je tombe sur lui. | | |
| Deux fois par semaine, elle fait du jogging. | | |
| Hier, il prétend une chose, aujourd'hui le contraire. | | |
| Il y a deux jours, le suspect sort de chez lui et disparait. | | |
| Toutes les nuits, il nous réveille. | | |
| C'est là que je le vois, à la sortie du virage... | | |
| Souvent nous prenons ce raccourci. | | |
| Ce matin, je sors de chez moi, et qui je vois ? | | |

**4** Lis le début de la fable ***Le Loup et la Cigogne***.

Les loups mangent gloutonnement.
Un loup donc, étant de frairie[1],
Se pressa, dit-on, tellement
Qu'il en pensa perdre la vie.
Un os lui demeura bien avant au gosier.
De bonheur pour ce loup, qui ne pouvait crier,
Près de là passe une cigogne.
Il lui fait signe, elle accourt.

1. festin.

**J. de La Fontaine**, *Fables*, III, 9, 1668.

a. **Souligne, dans le texte, les verbes au présent.**

b. **Complète les deux phrases suivantes :**

Le premier verbe est au présent de ..........................................................................................................

Les autres sont des présents de ..........................................................................................................

## 5 *Écriture*

**Sur feuille, rédige un petit texte sur le modèle de la fable de l'exercice 4 : une première phrase au présent, un passage au passé avec un premier personnage dans la difficulté, puis un nouveau passage au présent où apparait un deuxième personnage qui lui vient en aide.**

# 24 Le futur simple de l'indicatif

*Je comprends les mots de la grammaire*

Le mot « futur » vient d'un participe latin « futurus » qui signifie « qui doit être, qui est à venir ». Le futur est le temps de l'avenir, de la promesse ou du projet.

## Ce que je sais déjà

*Un jeune garçon pêche et attrape un poisson qui parle.*
« – Oui… je parle… Et si tu me fais grâce, tu n'auras pas à t'en repentir […] je te donnerai deux de mes écailles. Tu les garderas autant que tu veux ou tu les perdras l'une et l'autre en leur demandant ce que tu veux. Grâce à elles, deux de tes souhaits seront exaucés, et cela quand tu le voudras. »

**Y. Pinguilly**, *Légendes de Bretagne*, coll. Contes et légendes © Éditions Nathan, 2011.

**a.** À quel temps sont conjugués les verbes soulignés ?

……………………………………

**b.** Quel est l'infinitif de chacune des formes suivantes ?

auras : …………… seront : ……………
voudras : ……………

**c.** À quel groupe appartient le verbe « garderas » ?

……………………………………

## Je retiens

Le futur simple de l'indicatif présente un fait qui se produit dans l'avenir, après le moment où l'on parle.

### La composition du futur simple

- Les terminaisons du futur sont : **-ai**, **-as**, **-a**, **-ons**, **-ez**, **-ont**. Le verbe a toujours le même radical. Aux 1er et 2e groupes et pour certains verbes en **-ir** du 3e groupe, il est en général formé sur l'infinitif. ► Exercices 1, 2
  Ex. : *Je donnerai, tu finiras, il partira.*
- Au 3e groupe, on retrouve obligatoirement une consonne **-r-** avant la terminaison : la plupart des verbes en **-re** perdent le **-e** devant la terminaison. ► Exercices 2, 4
  Ex. : *Tu prendras. Ils boiront.*
- Quelques particularités à connaître :
  – Les verbes en **-yer** changent le **-y-** en **-i-** devant le **-e-**, sauf envoyer → j'enverrai.
  Ex. : *Nettoyer → je nettoierai.* ► Exercice 4
  – Les verbes **appeler** et **jeter** font **-ell-** et **-ett-** à toutes les personnes.
  Ex. : *Jeter > je je**tt**erai.*
  – Beaucoup de verbes du 3e groupe ont un radical particulier au futur.
  Ex. : *j'aurai (avoir), je serai (être),* ► Exercice 4
  *je ferai (faire), je cueillerai (cueillir)…*

### Les valeurs du futur simple ► Exercices 3, 5

- Le futur sert à énoncer un fait qui se réalisera dans l'avenir (**promesse**, **éventualité** avec si).
  Ex. : *Nous serons sages, si tu nous offres un bonbon.*
- Le verbe *aller* suivi de l'infinitif exprime le **futur proche**.
  Ex. : *Je vais te donner un gâteau.*
- Le futur peut aussi donner un **ordre** ou un **conseil**.
  Ex. : *Tu feras ton lit.*

## Je m'exerce

**1 Entoure le verbe au futur dans chaque série.**

1. Je donnai – Je donnerais – Je donnerai.
2. Tu appellerais – Tu appelais – Tu appelleras.
3. Elle partirait – Elles partiront – Elle partait.
4. Il fallait – Il faudra – Il faudrait.

**2** Conjugue les verbes au futur en suivant la consigne entre parenthèses.

1. Être (3e pers. singulier et pluriel) : ..........
2. Dire (1re pers. singulier et pluriel) : ..........
3. Jouer (3e pers. singulier et pluriel) : ..........
4. Savoir (2e pers. singulier et pluriel) : ..........
5. Faire (1re pers. singulier et pluriel) : ..........

**3** Lis ce début de poème.

Demain, dès l'aube, à l'heure où blanchit la campagne,
Je partirai. Vois-tu, je sais que tu m'attends.
J'irai par la forêt, j'irai par la montagne,
Je ne puis demeurer loin de toi plus longtemps.
Je marcherai les yeux fixés sur mes pensées, […]

**V. Hugo**, *Les Contemplations*, 1856.

**a. Souligne les verbes au futur et leur sujet.**

**b. Entoure un mot, autre qu'un verbe, indiquant que l'action est à venir.**

**c. À quel type de verbes appartiennent les verbes soulignés ? Ce sont des verbes de :**

❑ mouvement ❑ parole ❑ sentiment

**4** Complète le tableau avec les formes du futur simple.

| | 1re pers. sing. | 3e pers. sing. | 3e pers. pl. |
|---|---|---|---|
| prendre | | | |
| nettoyer | | | |
| jeter | | | |
| cueillir | | | |

**5** Indique entre parenthèses la valeur de chaque futur souligné.

1. Vous prendrez une tisane avant de dormir. (..........)
2. Nous allons partir bientôt. (..........)
3. Elle aura un cadeau, si elle se tient correctement. (..........)
4. Tu iras dans ta chambre, c'est dit ! (..........)
5. Nous viendrons vous voir dans deux jours. (..........)

**6** *Énigme*

**Les verbes soulignés se sont mélangés. Retrouve les proverbes originaux.**

1. Advienne que deviendra. ..........
2. Qui a bu vivra. ..........
3. Petit poisson rira grand. ..........
4. Boira bien qui boira le dernier. ..........
5. Aide-toi, le Ciel t'aimera. ..........
6. Qui aidera pourra. ..........
7. Qui n'a pas ce qu'il aime verra ce qu'il a. ..........

# 25 Le passé composé de l'indicatif

*Je comprends les mots de la grammaire*

Un *nom composé* est formé d'au moins deux éléments.
Une *forme verbale composée* est formée d'au moins un auxiliaire et d'un participe passé.

## *Ce que je sais déjà*

Heureux qui, comme Ulysse, a fait un beau voyage,
Ou comme celui-là qui conquit la Toison,
Et puis est retourné plein d'usage et raison,
Vivre entre ses parents le reste de son âge !
Quand reverrai-je, hélas ! de mon petit village
Fumer la cheminée [...] ?

**J. du Bellay**, « Heureux qui comme Ulysse », *Les Regrets*, 1558.

**a.** Indique si les verbes soulignés sont à un temps simple ou à un temps composé.

a fait : ……

conquit : ……

est retourné : ……

reverrai : ……

**b.** Donne l'infinitif des verbes à un temps composé.

……

## *Je retiens*

Le **passé composé de l'indicatif** est un temps du **passé**. Il indique qu'un fait est achevé ou accompli, au moment où l'on parle.

### ■ La formation du passé composé

- Il est formé de deux parties : l'**auxiliaire** qui est conjugué au **présent** de l'indicatif et le **participe passé**. La négation encadre l'auxiliaire. ► Exercices 3, 5, 6
  Ex. : *Il a fait, il n'est pas retourné.*
- L'auxiliaire *être* peut être employé avec les verbes :
  – de **mouvement** (*aller, arriver, descendre, entrer, monter, partir, retourner, sortir, tomber, venir*) ;
  – de **changement d'état** (*naître, devenir, rester, mourir*). ► Exercice 1
  Ex. : *Il est retourné chez lui et il y est resté.*
- Le participe passé se forme sur le radical du verbe. Il se termine en **-é** pour les verbes du 1er groupe, en **-i** pour ceux du 2e et en **-u**, **-i**, **-s**, ou **-t-** pour ceux du 3e. Il s'accorde en genre et nombre avec le sujet, quand l'auxiliaire du verbe est *être*.
  Ex. : *chant-er → chanté; fin-ir → fini;* ***Elle*** *est revenue.* ► Exercice 2

### ■ Les valeurs du passé composé

► Exercice 4

- Le passé composé s'utilise souvent **à l'oral** dans le langage courant.
- Il peut indiquer qu'une action :
  – est **terminée** au moment où l'on parle.
  Ex. : *Paul **a** déjà **mangé**.*
  – s'est passée avant une autre (elle est **antérieure**).
  Ex. : *Il **a mangé** avant de partir.*

## *Je m'exerce*

**1 Conjugue ces verbes à la 2e personne du pluriel du passé composé.**

1. écouter : ……
2. crier : ……
3. venir : ……
4. arriver : ……
5. pouvoir : ……
6. partir : ……

**2** **Relie l'infinitif à son participe passé.**

| | | | |
|---|---|---|---|
| taire • | • vu | écrire • | • fait |
| voir • | • eu | faire • | • mis |
| être • | • tu | lire • | • écrit |
| pouvoir • | • pu | mettre • | • dit |
| avoir • | • été | dire • | • lu |

**3** **Complète les phrases avec les verbes suivants au passé composé :** détruire – empêcher – imaginer – punir – quitter.

1. Ulysse .................................... son ile pour la guerre de Troie.
2. Il .................................... la ruse du cheval.
3. Les dieux .................................... Ulysse de rentrer rapidement chez lui.
4. La tempête .................................... le navire d'Ulysse.
5. Ulysse .................................... ceux qui harcelaient Pénélope.

**4** **Explique la valeur du passé composé souligné dans la phrase suivante :**

Martine se venge de son mari Sganarelle parce qu'il a menacé de la frapper.

..........................................................................................................................................

**5** **Réécris les phrases suivantes à la forme négative et en mettant les verbes au pluriel.**

1. Je suis allé au cinéma. ..........................................................................................
2. Elle a joué au foot. ..........................................................................................
3. Il a gagné un concours. ..........................................................................................
4. As-tu dormi ? ..........................................................................................
5. J'ai longtemps vécu ici. ..........................................................................................

**6** **Lis cet extrait de pièce de théâtre.**

LÉANDRE - Vous saurez donc, Monsieur, que cette maladie que vous voulez guérir, est une feinte maladie. Les médecins ont raisonné là-dessus comme il faut ; et ils n'ont pas manqué de dire que cela procédait, qui du cerveau, qui des entrailles, qui de la rate, qui du foie ; mais il est certain que l'amour en est la véritable cause, et que Lucinde n'a trouvé cette maladie que pour se délivrer d'un mariage dont elle était importunée.

**Molière**, *Le Médecin malgré lui*, Acte II, sc. 5, 1666.

a. **Entoure les trois verbes au passé composé du texte.**

b. **À quel groupe appartiennent-ils tous les trois ? Quel indice en est la preuve ?**

..........................................................................................................................................

c. **Réécris la proposition soulignée au singulier.**

..........................................................................................................................................

## 7 Écriture

**Sur une feuille, rédige le récit que peut faire Ulysse d'une de ses aventures à son épouse et à son fils. Ulysse, qui s'adresse oralement aux membres de sa famille, utilise des verbes au passé composé pour toutes ses actions.**

# 26 La conjugaison de l'imparfait de l'indicatif

*Je comprends les mots de la grammaire*

« Parfait » vient de *perfectum* (=achevé). L'imparfait, au contraire, désigne une action inachevée.

## *Ce que je sais déjà*

Le Petit Poucet alla [...] trouver le Roi et lui dit que s'il le **souhaitait**, il lui rapporterait des nouvelles de l'armée avant la fin du jour. [...] Il **gagnait** tout ce qu'il **voulait**; car le Roi le **payait** parfaitement bien [...]. Il **se trouvait** quelques femmes qui le **chargeaient** de lettres pour leurs maris.

**Ch. Perrault**, *Contes de ma mère l'Oye*, « Le Petit Poucet », 1697.

a. Comment est racontée l'action ?
- ❑ comme si elle s'était déjà passée
- ❑ comme si elle se passait en ce moment

b. À quel temps sont les verbes en gras ?
- ❑ passé composé
- ❑ imparfait
- ❑ passé simple

## *Je retiens*

L'**imparfait de l'indicatif** est un temps simple du **passé**.

### La formation de l'imparfait

► Exercices 1, 2

- Les terminaisons de l'imparfait sont toujours **-ais**, **-ais**, **-ait**, **-ions**, **-iez**, **-aient**.
  Ex. : *gagnait* (3e pers. sing.), *donnaient* (3e pers. pl.).
- Il est formé sur le radical de la 1re pers. du pl. du présent de l'indicatif.
  Ex. : *Nous dev-ons → je dev-ais.* ► Exercice 4
- L'imparfait du verbe *être* est une exception (*j'étais, tu étais, il était, nous étions, vous étiez, ils étaient*). ► Exercice 2

### Quelques difficultés des verbes du 1er groupe

► Exercices 3, 5

- Les verbes en **-ier**, **-gner**, **-yer**, **-ller** se conjuguent régulièrement. Attention aux 1re et 2e personnes du pluriel, il ne faut pas oublier le **-i-** que l'on n'entend pas toujours.
  Ex. : *Nous gagnions, vous criiez.*
- Le -c- des verbes en **-cer** prend une cédille devant le **-a-** de la terminaison.
  Ex. : *Il annonçait les nouvelles.*
- Le -g- des verbes en **-ger** est suivi d'un **-e-** devant le **-a-** de la terminaison.
  Ex. : *Elles le chargeaient.*

Remarque : pour les emplois de l'imparfait, voir leçon 28.

## *Je m'exerce*

**1** a. **Dans cette liste, entoure les verbes à l'imparfait.**

Je faisais – tu fais – il dormit – nous plaçons – nous placions – vous vous ennuyez – ils lisaient – vous vous ennuyiez – nous croyions – nous croyons – je nageai – je nageais – nous cognons – tu connais – nous cognions.

b. **Réécris les formes à l'imparfait en changeant le nombre (singulier → pluriel ; pluriel → singulier).**

..............................................................................................................

..............................................................................................................

**2** **Lis ce début de conte. Souligne les verbes à l'imparfait.**

Il était une fois un homme qui avait de belles maisons [...] ; mais par malheur, cet homme avait la barbe bleue : cela le rendait si laid et si terrible, qu'il n'était ni femme ni fille qui ne s'enfuît devant lui. Une de ses voisines, dame de qualité, avait deux filles parfaitement belles. Il lui en demanda une en mariage [...]. Elles n'en voulaient point toutes deux, et se le renvoyaient l'une à l'autre.

**Ch. Perrault**, *Contes de ma mère l'Oye*, « La Barbe Bleue », 1697.

a. **Donne les infinitifs des deux premiers verbes soulignés.**

........................................................................................................

b. **Explique l'accord du dernier verbe souligné.**

........................................................................................................

**3** **Relie les verbes conjugués au(x) pronom(s) personnel(s) qui convien(nen)t, puis réécris-les en changeant leur nombre.**

| | |
|---|---|
| je/j' • | • craignais ........................ |
| tu • | • mélangeait ........................ |
| il • | • essuyais ........................ |
| nous • | • menaçaient ........................ |
| vous • | • surveillions ........................ |
| elles • | • cueilliez ........................ |

**4** **Complète cet extrait en conjuguant à l'imparfait les verbes entre parenthèses.**

L'empereur, la cour et tout le peuple chinois (savoir) .................. par cœur chaque petit glou-glouk de l'oiseau artificiel. Cette raison même leur (rendre) .................. l'air d'autant plus agréable, puisqu'ils (pouvoir) .................. à leur choix le chanter ou l'accompagner. Les gamins (chanter) .................. tzi, tzi, tzi-glou, glouk, glou ! et l'empereur (faire) .................. chorus avec eux.

**H. C. Andersen**, *Contes*, « Le Rossignol », trad. E. Grégoire, L. Moland, D. Soldi, 1843-48.

**5** **Complète le tableau avec les formes de l'imparfait.**

| | 3e pers. sing. | 2e pers. pl. |
|---|---|---|
| employer | | |
| finir | | |
| partager | | |
| pouvoir | | |
| recevoir | | |

## 6 *Dictée préparée*

**Souligne les verbes à l'imparfait et entoure leur sujet. Cherche le sens du mot « sévir ».**

Sous les tropiques régnait un temps splendide et luisant. Les oiseaux, heureux, vivaient en bonne entente. Ils partageaient aussi leurs repas.

Un jour, une grande famine vint à sévir.

Chacun ne cherchait plus de nourriture que pour lui seul.

Le soui-manga royal et sa femme n'avaient plus de provisions.

**Kama Kamanda**, *Les Contes du griot*, « Le Soui-manga royal », © Magnard Collège, 2005.

# 27 La conjugaison du passé simple de l'indicatif

*Je comprends les mots de la grammaire*

Un temps *simple* ne comporte qu'une seule forme conjuguée à la voix active.

## Ce que je sais déjà

À cet instant, la Reine **chaussa** ses besicles[1] et **dévisagea** le Chapelier, qui **blêmit** et **se mit** à s'agiter nerveusement.

– Faites votre déposition, **dit** le Roi. Et calmez-vous, ou je vous fais exécuter sur-le-champ.

Le témoin ne **parut** pas le moins du monde encouragé par ces paroles.

1. lunettes.

**L. Carroll**, *Alice au pays des merveilles*, 1865, trad. L. Bury, © Pauvert / librairie Arthème Fayard, 1961, 2000.

a. Les verbes en gras sont conjugués à un temps :
❑ passé ❑ présent ❑ futur

b. À quelle personne sont-ils conjugués ?
❑ 1re pers. sing. ❑ 3e pers. sing. ❑ 3e pers. pl.

c. Quels verbes en gras appartiennent au 1er groupe ?

..........................................................................................

## Je retiens

À l'écrit, on emploie surtout le passé simple comme temps du récit.

### ■ Les verbes du 1er groupe et le verbe aller : terminaisons en -a

► Exercices 1, 3, 4, 5

- Ils se conjuguent sur le radical du présent auquel on ajoute les terminaisons **-ai**, **-as**, **-a**, **-âmes**, **-âtes**, **-èrent**.
  Ex. : *La Reine chauss**a** ses besicles.*
- Attention, devant le **-a-**, les verbes en **-cer** font **-ç-**, les verbes en **-ger** font **-ge-**.
  Ex. : *La Reine lan**ça** un regard noir au Chapelier et le dévisa**gea**.*

### ■ Les verbes du 2e groupe : terminaisons en -i

► Exercices 1, 3

Ils se conjuguent sur le radical du présent auquel on ajoute les terminaisons **-is**, **-is**, **-it**, **-îmes**, **-îtes**, **-irent**.
Ex. : *Le Chapelier blêm**it**.*

### ■ Les verbes du 3e groupe : terminaisons en -i, -u, -in

► Exercices 1, 2, 3, 4, 5

- Certains verbes du 3e groupe ont les mêmes terminaisons que celles des verbes du 2e groupe en [i].
  Ex. : *Il se m**it** à s'agiter.*
- D'autres font **-us**, **-us**, **-ut**, **-ûmes**, **-ûtes**, **-urent**. C'est la cas pour *être* et *avoir.*
  Ex. : *Le témoin ne par**ut** pas encouragé. Il e**ut** peur. Il f**ut** terrorisé.*
- *Tenir, venir* et leurs composés font **-ins**, **-ins**, **-int**, **-înmes**, **-întes**, **-inrent**.
  Ex. : *Elle rev**int**.*

## Je m'exerce

**1 Dans cette liste, souligne les verbes conjugués au passé simple.**

Je fais – tu fis – il finit – il croit – nous crûmes – il crut – ils s'ennuient – je négligeais – ils mettent – je négligeai – tu revins – tu reviens – je partis – je fus – ils construisent – ils construisirent – je mets – tu mis – tu jetas.

**2** **Retrouve l'infinitif des verbes conjugués au passé simple.**

Vous peignîtes : ..........
elles crurent : ..........
nous établîmes : ..........
Je reçus : ..........
il revint : ..........
tu revis : ..........
Ils purent : ..........
nous eûmes : ..........
vous fûtes : ..........
Tu vécus : ..........
j'avançai : ..........
il plongea : ..........

**3** **a. Écris les verbes au passé simple et à la personne indiquée.**
**b. Réécris la forme obtenue en changeant de nombre (singulier → pluriel, pluriel → singulier).**

1. lancer : nous ..........
2. ennuyer : ils ..........
3. rendre : tu ..........
4. vouloir : vous ..........
5. connaitre : tu ..........
6. savoir : tu ..........
7. revenir : il ..........
8. détenir : elles ..........
9. avertir : tu ..........
10. partager : il ..........
11. mentir : tu ..........
12. boire : elle ..........

**4** **Complète cet extrait avec les verbes suivants : faire – éprouver – apercevoir – convenir – dire – être – entrer. Conjugue-les au passé simple.**

Le prince Firouz Schah .......... son aimable princesse [...]. Le prince, attendri, .......... au sultan [...] qu'il avait besoin de la voir. Le sultan .......... ouvrir la porte de la chambre de la princesse, et le prince Firouz Schah .......... Quand il .......... assez près, [...] la princesse, le reconnaissant, .......... une grande joie. [...] Ils .......... des moyens qu'ils devaient prendre pour réussir [à fuir].

*Contes des Mille et Une Nuits*, « Le cheval enchanté », trad. A. Galland.

**5** **Lis cet extrait.**
**a. Souligne les sujets des verbes entre parenthèses.**
**b. Mets ces verbes à la bonne personne du passé simple de l'indicatif.**

Un jour que nous étions en pleine mer, nous (affronter) .......... une tempête horrible, qui nous (pousser) .......... devant une ile habitée par des sauvages tout velus, lesquels (venir) .......... nous assaillir. [...] Une multitude innombrable de sauvages hideux [...] (se jeter) .......... à la nage et (environner) .......... en peu de temps notre vaisseau. Ils (s'en emparer) .......... et nous (faire) ..........tous débarquer.

*Contes des Mille et Une Nuits*, « Sindbad le marin », trad. A. Galland.

**6** ***Réécriture***

**Remplace « Alice et sa sœur » par « Alice » et réécris les verbes au passé simple de l'indicatif.**

Alice et sa sœur vont au jardin. Elles s'y promènent longtemps. Au bout d'un moment, elles se sentent fatiguées. Elles décident de se reposer. Elles s'allongent au pied d'un arbre et s'endorment. Elles n'aperçoivent pas le lapin blanc.

..........
..........
..........

# 28 L'emploi de l'imparfait et du passé simple de l'indicatif

*Je comprends les mots de la grammaire*

*Simul* en latin signifie « en même temps » ; des actions simultanées se produisent au même moment.

## Ce que je sais déjà

[Les hommes] cueillaient les baies des montagnes [...] ; ils ramassaient les glands tombés de l'arbre de Jupiter, le chêne aux vastes branches. Le printemps était éternel [...]. Mais le temps vint où Jupiter chassa son père, Saturne.

**A. Collognat**, *25 métamorphoses d'Ovide*, © Le livre de poche, 2012.

a. Quel type de texte reconnais-tu ?
❑ un dialogue ❑ un récit ❑ un mode d'emploi

b. Quels temps du passé repères-tu dans ce texte ?
❑ imparfait ❑ passé simple ❑ passé composé

c. Quel est l'infinitif de « vint » ? ..............................

## Je retiens

| Les verbes à l'imparfait : | Les verbes au passé simple : |
|---|---|
| • présentent des **actions simultanées**.<br>Ex. : *Les arbres pliaient, se tordaient, cassaient. (= en même temps)* | • présentent des **actions successives**.<br>Ex. : *Les arbres plièrent, se tordirent, cassèrent. (successivement)* |
| • présentent les **actions en cours d'accomplissement** : elles ne sont pas limitées dans le temps, elles peuvent durer, se répéter (imparfait de durée ou d'habitude).<br>Ex. : *Il mangeait des pommes. (Il avait cette habitude et continua d'en manger.)* | • présentent les **actions comme accomplies** : elles sont limitées à un moment précis.<br>Ex. : *Il mangea des pommes. (Puis il fit autre chose.)* |
| • présentent ce qui existe déjà (**décor, contexte, second plan**). C'est le temps de la **description**.<br>Ex. : *Il faisait nuit. On n'entendait aucun bruit.* | • présentent l'**action nouvelle** au **premier plan** : elle surgit dans le décor et modifie la situation. C'est le temps de la **narration**.<br>Ex. : *Un homme cria, tout le camp se réveilla.* |

► Exercices 2, 4, 5

► Exercices 1, 4, 5

► Exercices 1, 3, 4,

## Je m'exerce

**1 Indique, d'un trait, si le verbe souligné évoque une habitude ou une action nouvelle.**

1. Jupiter observait les actions des hommes. •
2. Il se rendit avec Mercure sur terre. •
3. Ils frappèrent à toutes les portes. •
4. Les habitants refusaient de répondre. •

• Habitude
• Action nouvelle

**2 Lis cet extrait.**

Dédale, jaloux de [son neveu], le précipita du haut de la citadelle de Minerve, puis il répandit le bruit mensonger d'une chute accidentelle. Mais Pallas[1], protectrice du génie[2], le reçut dans ses bras ; elle en fit un oiseau, et au milieu même des airs, le couvrit de plumes.

1. autre nom de la déesse Athéna. 2. le neveu de Dédale.

**Ovide**, *Les Métamorphoses*, VIII, 250-253, trad. O. Sers, © Les Belles Lettres.

a. **Dans cet extrait, souligne les verbes conjugués.**

b. **Quel est le temps des verbes conjugués ?** ..............................

c. **Les actions sont :** ❑ simultanées ❑ successives

**3 Lis cet extrait.**

Sur la terre nouvellement formée, le temps s'écoulait et les générations se succédaient. Il y eut d'abord ce qu'on appelle le premier âge : un âge d'or où [...] l'espèce humaine respectait la justice et l'honnêteté. **Ovide**, *Les Métamorphoses*, I, 86-90, trad. O. Sers, © Les Belles Lettres.

**a. Souligne les verbes conjugués à un temps du passé.**

**b. Quel est le temps des deux premiers verbes soulignés ?** ..........

**c. Quel est le temps du troisième verbe souligné ?** ..........

d. Les deux premiers verbes soulignés évoquent la situation : ❑ existante ❑ nouvelle

e. Le troisième verbe souligné évoque la situation : ❑ existante ❑ nouvelle

**4 Dans chaque phrase, souligne les verbes au passé simple et entoure les verbes à l'imparfait. Justifie leur emploi l'un par rapport à l'autre.**

1. Apollon rencontra Daphné, qui était une nymphe magnifique.

..........

..........

2. Pendant qu'elle parcourait les bois, le dieu la vit et il l'aima aussitôt.

..........

..........

**5 Lis cet extrait des *Métamorphoses*.**

*Jupiter tombe amoureux d'une jeune fille et la contemple.*

Cette jeune fille ne (s'appliquer) .......... pas à assouplir la laine [...], ni à varier la position de sa coiffure. Le soleil au plus haut du ciel (venir) .......... de dépasser le milieu de sa course, lorsqu'elle (pénétrer) .......... dans une forêt [...]. Elle (détacher) .......... le carquois de son épaule, (détendre) .......... son arc flexible et (se coucher) .......... sur le sol couvert de gazon.

**Ovide**, *Les Métamorphoses*, I, 86-90, trad. O. Sers, © Les Belles Lettres.

**a. Complète le texte en conjuguant les verbes aux temps qui conviennent.**

**b. Souligne d'un trait le passage descriptif et de deux traits celui qui présente des actions successives et délimitées dans le temps.**

## 6 Réécriture

**Réécris ce texte au passé en utilisant l'imparfait ou le passé simple.**

Le fils du Roi, qui voit sortir de sa bouche cinq ou six perles, et autant de diamants, la prie de lui dire d'où cela lui vient. Elle lui conte toute son aventure. Le fils du Roi en devient amoureux, et considérant qu'un tel don vaut mieux que tout ce qu'on peut donner en mariage à une autre, l'emmène au Palais. D'après **Ch. Perrault**, *Contes de ma mère l'Oye*, « Les Fées », 1697.

..........

..........

..........

..........

# 29 Le conditionnel présent

*Je comprends les mots de la grammaire*

Une *condition* est une action nécessaire à la réalisation d'une autre action, comme quand on dit « D'accord, mais à une condition… »

## Ce que je sais déjà

M. GUILLAUME : Et moi, si j'étais en votre place, j'achèterais une belle tenture […] que je ferais mettre à sa chambre, pour lui réjouir l'esprit et la vue.

AMINTE : Pour moi, je ne ferais point tant de façons ; et je la marierais fort bien, et le plus tôt que je pourrais […]

**Molière**, *L'Amour médecin*, Acte I, sc. 1, 1665.

a. Les verbes soulignés sont-ils au même temps ?
❑ oui ❑ non

b. Selon toi, les deux personnages expriment :
❑ des conseils ❑ des demandes
❑ des menaces

c. Donne l'infinitif de :
« ferais » : …………………… « pourrais » : ……………………

## Je retiens

Le conditionnel présent indique une action qui se produira dans le futur mais sans certitude. Elle est possible, mais à certaines conditions.

### La composition du conditionnel présent

► Exercices 1, 2

- Le **conditionnel présent** est formé sur le **radical du futur** auquel on ajoute les **terminaisons de l'imparfait** : **-ais, -ais, -ait, -ions, -iez, -aient**.
  Ex. : *Il emportera → il emporter**ait**.*
- À la 1re pers. du singulier, on entend presque la même chose au futur et au conditionnel, mais on écrit différemment.
  Ex. : *J'emporterai → j'emporter**ais**.*
  futur — conditionnel
- Les difficultés sont les mêmes qu'au futur pour les verbes du 1er groupe.
  Ex. : *Jeter → je jetter**ais**; nettoyer → tu nettoier**ais**; apprécier → il apprécier**ait**.*
  ► Exercice 3
- Les verbes du 3e groupe qui ont des radicaux multiples doivent s'apprendre.
  Ex. : *Faire → nous fer**ions**; tenir → vous tiendr**iez**; savoir → ils saur**aient**.*
  ► Exercices 1, 3, 4, 5

### Quelques emplois courants du conditionnel présent

► Exercice 5

- Pour une **demande polie** ou un **souhait**.
  Ex. : *Pourr**ais**-je avoir… ? J'aimer**ais**…*
- Pour des **conseils** « si j'étais à ta place ».
  Ex. : *Je ne fer**ais** pas ça.*
- Pour une **affirmation incertaine**.
  Ex. : *Ça devr**ait** être rangé là.*

## Je m'exerce

**1** a. **Entoure les verbes au futur et souligne ceux qui sont au conditionnel.**
Elles sortiraient – je voudrai – nous pourrions – ils chanteraient – j'aimerais –tu auras – vous seriez – je taperais – nous aurions– il souhaiterait.

b. **Qu'est-ce qui t'a permis de différencier ces formes ?**

……………………………………………………………………………………

**2** a. **Entoure les verbes au conditionnel et souligne ceux qui sont à l'imparfait.**

Tu allais – nous naviguerions – il pouvait – nous saurions – je voulais – elle craignait – vous parliez – ils se plaindraient – je mangerais – nous lirions.

b. **Qu'est-ce qui t'a permis de différencier ces formes ?** ❑ les radicaux ❑ les terminaisons

**3** **Complète le tableau suivant en classant les formes verbales proposées selon leur temps (imparfait, futur, conditionnel).**

tu emportais – nous jetterions – ils nettoieront – vous appréciiez – elle fera – je tiendrais – ils savaient – je voudrai – elles apercevraient – nous louions – vous serrerez – tu oublierais

| imparfait | futur | conditionnel |
|---|---|---|
| | | |

**4** **Complète les phrases en mettant les verbes au conditionnel présent.**

1. Avec de meilleurs joueurs, nous (battre) .................................... nos adversaires.
2. Je l'(accueillir) .................................... volontiers pendant les vacances.
3. Sans la laisse qui l'a retenu, ce chien (courir) .................................... encore.
4. Vous (devoir) .................................... mettre un manteau plus chaud.
5. (Recevoir) ....................................-tu ces personnes chez toi ?
6. D'après la radio, ils (écrire) .................................... des contes pour enfants.

**5** **Lis cet extrait.**

*Sganarelle interroge sa fille Lucinde.*

Est-ce que tu es jalouse de quelqu'une de tes compagnes que tu voies plus brave[1] que toi ? Et serait-il quelque étoffe nouvelle dont tu voulusses avoir un habit ? Non. Est-ce que ta chambre ne te semble pas assez parée, et que tu souhaiterais quelque cabinet[2] de la foire Saint-Laurent ? Ce n'est pas cela. Aurais-tu envie d'apprendre quelque chose ? et **veux**-tu que je te donne un maître pour te montrer à jouer du clavecin ? Nenni. Aimerais-tu quelqu'un, et souhaiterais-tu d'être mariée ?

*Lucinde lui fait signe que c'est cela.*

1. élégante. 2. buffet.

**Molière**, *L'Amour médecin*, Acte I, sc. 2, 1665.

a. **Souligne d'un trait les verbes du texte au conditionnel présent.**

b. **Que cherche à savoir Sganarelle ?** .................................................................................................

c. **Quel est l'infinitif du verbe en gras ?** .................................................................................................

d. **Réécris la question soulignée de deux traits en utilisant le verbe en gras au conditionnel.**

.................................................................................................................................................

**6** *Écriture*

**Dans les contes, les héros peuvent parfois faire trois souhaits. Choisis trois héros de conte et imagine pour chacun trois souhaits que tu formuleras avec des verbes au conditionnel présent.**

Ex. : *La Petite Fille aux allumettes d'Andersen allumerait un grand feu, mangerait de la dinde et embrasserait sa grand-mère.*

# 30 L'impératif

*Je comprends les mots de la grammaire*

*Imperare* veut dire en latin « commander ». L'impératif est le mode de l'ordre.

## Ce que je sais déjà

SGANARELLE. – Ô çà, **faisons** la paix nous deux. […]
MARTINE. – Point.
SGANARELLE. – Allons, te dis-je.
MARTINE. – Je n'en ferai rien.
SGANARELLE. – Viens, viens, viens.
MARTINE. – Non : je veux être en colère.

**Molière**, *Le Médecin malgré lui*, Acte I, sc. 2, 1666.

a. Le verbe en gras est à la :
❑ 1re pers. du sing. ❑ 2e pers. du sing.
❑ 1re pers. du pl. ❑ 2e pers. du pl.

b. Le verbe souligné est à la :
❑ 1re pers. du sing. ❑ 2e pers. du sing.
❑ 1re pers. du pl. ❑ 2e pers. du pl.

## Je retiens

- L'impératif est un mode qui s'emploie seulement aux trois personnes suivantes : la 2e pers. du singulier et les 1re et 2e pers. du pluriel.
  Ex. : *Laisse, laissons, laissez.*
- Le verbe s'utilise **sans pronom personnel sujet**. C'est sa terminaison qui indique la personne.
  Ex. : *Viens faire la paix.* (= 2e pers. du singulier)

### Les formes de l'impératif présent

- En général, elles ressemblent aux formes du présent indicatif. ► Exercices 1, 2
  Ex. : *Agis, agissons, agissez.* (2e groupe) ; *Fais, faisons, faites.* (3e groupe)
- Les verbes du 1er groupe et les verbes *cueillir, offrir* et *ouvrir* n'ont pas de -s final à la 2e pers. du singulier.
  Ex. : *Parle, parlons, parlez ; cueille ; offre ; ouvre.*
- Formes à connaitre : *aller* → *va* (sauf dans *vas-y*), *allons, allez* ; *avoir* → *aie, ayons, ayez* ; *être* → *sois, soyons, soyez* ; *savoir* → *sache, sachons, sachez* ; *vouloir* → *veuille, veuillons* (peu employés), *veuillez* ; attention à la forme négative : *ne m'en veux pas.*

### Les emplois de l'impératif présent

► Exercices 2, 3

- L'impératif exprime l'**injonction** (ordre, demande, prière, invitation, conseil) ou la **défense** (interdiction).
  Ex. : *Viens rapidement, mais **ne** prends **pas** ta voiture.*
- Les pronoms personnels sont liés à l'impératif par un tiret. ► Exercice 4
  Ex. : *Prends-le, donne-la-lui, dites-moi.*
- L'impératif présent en **-e** devient **-es** devant les pronoms *en* et *y*.
  Ex. : *Manges-en, retournes-y.*

## Je m'exerce

**1** **Donne les trois personnes de l'impératif présent des verbes suivants :**

écrire : ............................................ croire : ............................................
danser : ............................................ finir : ............................................
boire : ............................................ jeter : ............................................

**2** **Lis cet extrait.**

*Hermès s'adresse à Ulysse qui va rencontrer la magicienne Circé.*

Écoute-moi encore : lorsque Circé t'aura touché de sa longue baguette, saisis à l'instant ton glaive aigu et fonds sur elle comme si tu voulais la tuer. Circé, toute tremblante, désirera s'unir à toi ; mais ne refuse point de partager sa couche, afin qu'elle délivre tes amis et qu'elle t'accueille favorablement. Fais-lui jurer alors par le serment des dieux qu'elle ne tramera pas quelque ruse contre toi [...]

**Homère**, *Odyssée*, X, 292-300, trad. d'E. Bareste.

a. **Souligne les verbes à l'impératif présent.**

b. **Les paroles d'Hermès sont des :**

❑ avertissements ❑ conseils ❑ interdictions ❑ menaces

c. **Conjugue toutes les formes soulignées à la 2e pers. du pl.**

..............................................................................................

**3** **Lis cet extrait d'une pièce de Molière.**

*Sganarelle essaie de parler comme un médecin.*

SGANARELLE. – [...] et parce que lesdites vapeurs... comprenez bien ce raisonnement, je vous prie ; et parce que lesdites vapeurs ont une certaine malignité... Écoutez bien ceci, je vous conjure.

GÉRONTE. – Oui.

SGANARELLE. – Ont une certaine malignité, qui est causée... Soyez attentif, s'il vous plaît.

GÉRONTE. – Je le suis.

**Molière**, *Le Médecin malgré lui*, Acte II, sc. 4, 1666.

a. **Souligne les verbes à l'impératif présent.**

b. **Pourquoi Sganarelle emploie-t-il la 2e pers. du pl. ?** ..............................

c. **Observe la ponctuation et explique l'emploi des verbes à l'impératif.**

..............................................................................................

..............................................................................................

d. **Chaque impératif est accompagné d'une formule de prière. Entoure-les dans le texte.**

**4** **Réécris le dialogue en mettant les verbes entre parenthèses à l'impératif présent. Les élèves tutoient, le professeur vouvoie.**

PAUL. – (Attraper) la balle ! ..............................

JEAN. – À toi maintenant, la (prendre) ! ..............................

PAUL. – la (ne pas lâcher), y (aller) ! ..............................

LE PROFESSEUR. – (Faire) des passes. ..............................

**5** *Écriture*

**Sur une feuille, imagine un échange de courtes lettres entre la Cigale et la Fourmi. La Cigale fait plusieurs demandes à la Fourmi. La Fourmi lui répond par des conseils et une interdiction. Formule les demandes, les conseils et l'interdiction avec des verbes à l'impératif présent.**

# 31 Le pluriel des noms

*Je comprends les mots de la grammaire*

*Pluriel* et *plusieurs* sont de la famille de *plus*. Le pluriel désigne donc une quantité supérieure à une unité.

## Ce que je sais déjà

Il y avait un jeune garçon à la cour qui était beau comme le **soleil**, et le mieux fait de tout le royaume : à cause de sa bonne grâce et de son **esprit**, on le nommait Avenant. Tout le monde l'aimait, hors les envieux.

**Mme d'Aulnoy**, *Les Contes des fées*, « La Belle aux Cheveux d'Or », 1697.

a. Quel est le nombre des noms en gras ?
❑ singulier ❑ pluriel

b. Le nom souligné d'un trait est un nom :
❑ propre ❑ commun

c. Le mot souligné de deux traits est :
❑ un adjectif pluriel ❑ un déterminant pluriel
❑ une préposition

## Je retiens

Le **nom commun** varie en nombre. Le singulier désigne un élément, le pluriel en désigne plusieurs.

### Les pluriels en -s

► Exercices 1 à 5

- Le **pluriel** ajoute un **-s** au nom singulier. Ce **-s** s'entend à l'oral s'il fait la liaison avec un mot commençant par une voyelle, en général l'adjectif épithète.
  Ex. : *un père → des pères, des pères [z] inquiets*
- Pas de changement, si le nom singulier se termine par **-s**, **-z** ou **-x**.
  Ex. : *un avis → des avis ; un nez → des nez ; un prix → des prix*

### Les pluriels en -x

► Exercices 1 à 5

- Prennent un **-x** au pluriel :
  – les noms en **-au**, **-eau** et **-eu** (mais *pneu → pneus, bleu → bleus*) ;
  Ex. : *un noyau → des noyaux ; une eau → des eaux ; un cheveu → des cheveux*
  – 7 noms en **-ou** : *bijou, caillou, chou, genou, hibou, joujou, pou*.
  Ex. : *un caillou → des cailloux*
- **-aux** pour la plupart des noms en **-al** (sauf *bal, carnaval, festival, régal...*) et quelques noms en **-ail** (*corail, émail, travail, vitrail...*).
  Ex. : *Un animal → des animaux ; un travail → des travaux*

### Cas particuliers

► Exercice 5

- un *œil* → des ***yeux***
- *bœufs, œufs, os* : la lettre finale du singulier ne s'entend pas au pluriel.
- Quelques noms n'existent qu'au singulier ou qu'au pluriel.
  Ex. : *le bétail ; les environs*

## Je m'exerce

**1 Voici des noms communs :** dieu – genou – déesse – sentier – héros – lueur – flambeau – ruse – bois.
**Écris-les au pluriel en les classant dans le tableau.**

| Ajout d'un -s | Ajout d'un -x | Aucun ajout |
|---|---|---|
| | | |

**2 Mets chaque groupe nominal au pluriel.**

1. un hibou : ..................
2. un radis : ..................
3. un rideau : ..................
4. un vitrail : ..................
5. un festival : ..................
6. un journal : ..................
7. un clou : ..................
8. un gaz : ..................

**3 a. Dans les questions posées, souligne les noms communs au singulier.**

Le premier dit : « Qui s'est assis sur ma petite chaise ? » Le second : « Qui a mangé dans ma petite assiette ? » Le troisième : « Qui a pris de mon petit pain ? » Le quatrième : « Qui a mangé de mes petits légumes ? » Le cinquième : « Qui a piqué avec ma petite fourchette ? » Le sixième : « Qui a coupé avec mon petit couteau ? » Le septième : « Qui a bu dans mon petit gobelet ? »

**Grimm**, *Contes*, « Blanche-Neige », 1812, trad. M. Robert, © Éditions Gallimard.

**b. Écris au pluriel les noms que tu as soulignés.**

..................

**4 Lis cet extrait. Replace les noms enlevés au bon endroit. Certains devront être mis au pluriel.**

Père – épouse – enfant – fille – dieu – nuit – fils (2) – lit – île – mère.

*Ulysse raconte son arrivée chez Éole, le dieu du Vent.*

Nous arrivons à l' .................. d'Éole, où vivait le .................. d'Hippotès, Éole, cher aux .................. immortels. [...] Éole a douze .................. [...], six .................. et six .................. [...]. Toujours auprès de leur .................. chéri et de leur vénérable .................., ils festoient[1] et les mets[2] exquis leur sont offerts en abondance. [...] Pendant les .................., tous dorment auprès de leurs [...] .................. sur les tapis et les .................. .

1. font des festins. – 2. plats.

**Homère**, *Odyssée*, X, 1-12, trad. M. Dufour et J. Raison.

**5 Invente des titres de contes en utilisant les mots de la liste que tu mettras au pluriel.**

Fontaine – château – cheveu – vitrail – œil – forêt – soulier – portail – eau – sorcière – feu – bal.

Ex. : *Les fontaines des feux follets.*

..................

..................

## 6 *Autodictée*

**a. Dans le texte, souligne les noms au pluriel et entoure ceux qui sont au singulier.**

**b. Apprends ensuite le texte par cœur et écris-le de mémoire sur une feuille.**

*Eumée, le porcher d'Ulysse, quitte le palais.*

Quand il n'eut plus envie de mets et de boisson, il retourna vers ses porcs, quittant la salle puis la cour. Les convives qui remplissaient la salle goûtaient le plaisir de la danse et du chant ; car déjà le soir était venu.

**Homère**, *Odyssée*, XVII, 603-606, trad. M. Dufour et J. Raison.

# 32 L'accord des déterminants dans le groupe nominal

*Je comprends les mots de la grammaire*

« Justifier un accord », c'est expliquer pourquoi le mot est masculin ou féminin, singulier ou pluriel.

## *Ce que je sais déjà*

Certain renard gascon, d'autres disent normand,
Mourant presque de faim, vit au haut d'une treille
**Des** raisins mûrs apparemment,
Et couverts d'**une** peau vermeille.

**La Fontaine**, *Fables*, III, XI, « Le Renard et les Raisins », 1668.

a. Quelle est la nature des mots en gras ?
❑ adjectif ❑ déterminant ❑ nom

b. Quelle est la nature des mots soulignés ?
❑ adjectif ❑ déterminant ❑ nom

c. Quel est le groupe nominal sujet ?

..................................................................

## *Je retiens*

### Composition du groupe nominal

- Le groupe nominal est formé d'au moins un **déterminant** et un **nom**.
  Ex. : une *treille*. ► Exercice 1
- Le groupe nominal peut parfois comporter plusieurs déterminants.
  Ex. : ***Mes trois*** *sœurs vont à la piscine.*
- Il peut aussi comporter un ou plusieurs **adjectifs**. Dans une suite d'adjectifs, seuls les deux derniers peuvent être coordonnés. ► Exercice 1
  Ex. : *Agamemnon menait une armée nombreuse, puissante **et** déterminée.*
  *Il avait des soldats nombreux, puissants **et** déterminés.*

### Accord du déterminant

Comme les adjectifs, le déterminant **s'accorde** en genre et en nombre avec le nom qu'il accompagne. ► Exercices 1 à 4

Ex. : ***Une*** *peau* ***vermeille****. (peau : féminin, singulier)*
(déterminant) (adjectif)

Remarque : le déterminant possessif s'accorde aussi en personne avec le possesseur.

Ex. : *Le renard voit* ***leur*** *peau vermeille. (= la peau des raisins)*

## *Je m'exerce*

**1** **Associe dans un groupe nominal le nom avec son déterminant et son adjectif.**

| | | |
|---|---|---|
| Le • | • plantes • | • verte |
| sa • | • fruits • | • vertes |
| ces • | • robe • | • vert |
| des • | • cahier • | • verts |

**2** **Réécris le groupe nominal en utilisant le nom entre parenthèses. Attention au genre et au nombre de ce nom.**

Ex. : *cette grande fille (adolescentes) → ces grandes adolescentes.*

1. Ces immenses bâtiments (immeuble) ..................................
2. L'armoire sculptée (bancs) ..................................
3. Mon collège adoré (amies) ..................................
4. Une grande maison citadine (jardins) ..................................
5. Ses paroles cruelles et injustifiées (mot) ..................................

**3** a. **Indique la classe grammaticale des mots de chaque ligne du tableau.**

| | |
|---|---|
| | eau – sons – saisons – fille – bêtes – pull – amis – cerises |
| | gris – sucrées – graves – grand – belles – chéries – pauvres |
| | un – cette – des – l' – la – mes – ses |

b. **Fabrique neuf groupes nominaux corrects à partir des éléments du tableau : trois de deux mots, trois de trois mots et trois de quatre mots.**

....................

....................

**4** **Lis cette fable.**

.................... berger, ayant conduit .................... moutons dans un bois, y aperçut un chêne **énorme** et tout chargé de glands. Il étendit .................... manteau juste .................... pied, monta dans .................... arbre et en secoua .................... branches. Mais les moutons dévorèrent .................... manteau en même temps que les glands, et le berger, .................... fois à terre, s'écria en voyant le malheur : « **Maudites** bêtes, vous donnez .................... laine .................... autres pour qu'ils se vêtent et vous m'enlevez .................... manteau, à moi qui vous nourris ! »

Ainsi, bien .................... hommes rendent service par ignorance à des gens qui ne leur sont rien et causent du tort à .................... proches.

« Le berger et les moutons », in *Les Fables d'Ésope*, 123, trad. J. Lacarrière © Albin Michel, 2003.

a. **Replace dans le texte les déterminants suivants :** au – aux – des – l' – le – les – leurs – mon – son – une – votre.

b. **Justifie l'accord des déterminants des mots soulignés.**

Votre : ....................

Leurs : ....................

## 5 Réécriture

a. **Réécris cette phrase en remplaçant « oiseau » par « tourterelles ».**

L'élégant oiseau était affamé et fatigué.

....................

b. **Réécris ce texte au pluriel.**

Ce petit chemin court dans un bois touffu. Il suit une pente douce et ombragée. Ensuite, il traverse un grand champ cultivé avec soin. Enfin, il aboutit à ce joli village connu pour sa belle place.

....................

....................

....................

## 6 Énigmes

a. **Complète le GN avec l'homophone masculin singulier de « 4 + 3 ».** .................... homme.

b. **Complète le GN avec l'homophone pluriel du « département 27 ».** .................... amis.

# 33 L'accord de l'adjectif qualificatif avec le nom

*Je comprends les mots de la grammaire*

*S'accorder* signifie « prendre les marques du genre (m./f.) ou du nombre (sg./pl.) ».

## Ce que je sais déjà

La reine mit au monde un **petit** prince qu'on nomma Désir. Il avait de **grands** yeux **bleus**, les plus **beaux** du monde ; une jolie petite bouche ; mais son nez était si **grand**, qu'il lui couvrait la moitié du visage. La reine fut inconsolable, quand elle vit ce **grand** nez.

**Mme Leprince de Beaumont**, « Le Prince Désir et la princesse Mignonne », *Contes*, 1757.

a. À quelle classe grammaticale appartiennent les mots en gras ?
❑ adjectif ❑ nom ❑ verbe

b. À quel genre sont les mots soulignés ?
❑ féminin ❑ masculin

c. Quelle est la fonction de « inconsolable » ?
❑ attribut ❑ épithète

## Je retiens

L'adjectif qualificatif **s'accorde en genre et en nombre** avec le mot auquel il se rapporte :
– avec le **nom** qu'il qualifie, **quand il est épithète**.
Ex. : *Le prince a un **grand** nez.*
– avec le **sujet** qu'il qualifie, **quand il est attribut**.
Ex. : *Il est **grand**.*

### ■ Mettre au féminin

► Exercices 2, 4, 5

- En général, on ajoute un **-e** à l'adjectif masculin.
  Ex. : *un prince émouvant / une princesse émouvante.*
- Les adjectifs déjà en **-e** au masculin ne changent pas.
  Ex. : *un prince modeste / une princesse modeste.*
- Certains adjectifs doublent la consonne finale au féminin.
  Ex. : *un bel arbre / une belle fleur.*
- Certains adjectifs changent la terminaison du masculin.
  Ex. : *furieux / furieuse.*

### ■ Mettre au pluriel

► Exercices 1, 3, 4, 5

- En général, on ajoute un **-s** à l'adjectif singulier.
  Ex. : *une fille surprenante / des filles surprenantes.*
- Les adjectifs déjà en **-s** ou **-x** au masculin singulier ne changent pas.
  Ex. : *un bijou précieux / des bijoux précieux*
- Les adjectifs masculins en **-eu**, **-au**, **-eau** prennent un **-x** au pluriel (sauf *bleu* → *bleus*).
  Ex. : *un beau livre / de beaux livres.*
- Les adjectifs en **-al** font **-aux** au pluriel, sauf *banal, bancal, fatal, natal, naval.*
  Ex. : *un palais national / des palais nationaux ;*
  *un siège bancal / des sièges bancals.*

## Je m'exerce

**1** a. **Entoure les adjectifs pluriels qui peuvent avoir la même forme au singulier.**
Gris – petits – heureux – grands – vieux – beaux – mauvais – bons – invisibles – nouveaux.
b. **Mets tous ces adjectifs au féminin singulier.**

.......................................................................................................

**2** **a. Aide-toi du dictionnaire pour donner le féminin de ces adjectifs.**

1. blanc : ..............................
2. bref : ..............................
3. doux : ..............................
4. frais : ..............................
5. favori : ..............................
6. long : ..............................
7. malin : ..............................
8. vif : ..............................
9. public : ..............................

**b. Quel est le féminin d'un adjectif masculin en -f ?** ..............................

**3** **Mets au pluriel les groupes nominaux proposés.**

1. un cheveu roux : ..............................
2. un matelas mou : ..............................
3. un problème réel : ..............................
4. un foulard bleu : ..............................
5. un beau regard : ..............................
6. un tube creux : ..............................
7. un journal local : ..............................
8. un chapeau banal : ..............................
9. un vieux pull : ..............................
10. un chat doux : ..............................

**4** **a. Replace les adjectifs dans le texte suivant en les accordant en genre et en nombre.**

célibataire – désolé – gentil – joli – noir – veuf

La mère était .............................. et son fils, en âge de se marier, restait ............................... Elle en était ...............................

– Les filles .............................. ne manquent pas. Et .............................. avec ça, lui disait-elle pour l'encourager. Tu devrais aller sur la montagne ............................... Des demoiselles vont s'y baigner.

D'après **J. Cassabois**, *Six contes du temps jadis*, © LGF, 2008.

**b. Explique l'accord de l'adjectif qui accompagne « filles ».**

..............................

**5** **Lis cet extrait.**

*Athéna métamorphose Ulysse.*

Elle rida sa <u>belle</u> peau sur ses membres souples ; elle fit tomber de sa tête ses cheveux blonds ; elle mit sur tous ses membres la peau d'un très vieil homme, et ternit ses yeux si beaux auparavant ; elle jeta sur lui à la place de son vêtement un haillon sordide et une <u>mauvaise</u> tunique, **loqueteux** et **sales**, **souillés** d'<u>épaisse</u> fumée.

**Homère**, *Odyssée*, XIII, 430-435, trad. M. Dufour et J. Raison.

**a. Explique l'accord des mots soulignés.**

..............................

**b. Entoure les adjectifs masculins singuliers.**

**c. Justifie l'accord au pluriel des trois épithètes détachées en gras.**

..............................

## 6 *Écriture*

**Sur une feuille, écris un court paragraphe faisant le portrait de trois personnages d'une œuvre étudiée en sixième. Utilise des adjectifs qualificatifs attributs et épithètes.**

Ex. : *Achille, Agamemnon et Ulysse sont <u>grecs</u>. Le <u>bouillant</u> Achille est un héros très <u>puissant</u>, Agamemnon, un roi <u>orgueilleux</u>, et Ulysse un homme <u>rusé</u>.*

# 34 L'accord du verbe avec son sujet

*Je comprends les mots de la grammaire*

« Je » vient du latin *ego*. Celui qui dit « je » parle de lui-même. Celui qui ne pense qu'à lui-même est un égoïste.

## *Ce que je sais déjà*

Absente, <u>elle</u> l'**entend** et elle le **voit**, bien qu'il **soit** absent [...]. Les tours commencées ne s'**élèvent** plus ; <u>la jeunesse</u> **cesse** de s'exercer aux armes ; tant au port que sur les ouvrages de défense le calme **règne** ; les travaux interrompus **restent** en suspens, hautes murailles menaçantes et machines dressées jusqu'au ciel.

**Virgile**, *Énéide*, IV, 83-89, trad. A.-M. Boxus et J. Poucet
© BCS.

a. À quelle classe grammaticale appartiennent les mots en gras ?
❑ adjectif ❑ nom ❑ verbe

b. Quelle est la fonction des mots soulignés ?
❑ COD ❑ complément circonstanciel ❑ sujet

c. Les mots en gras s'accordent avec les mots soulignés. ❑ faux ❑ vrai

## *Je retiens*

**Le verbe s'accorde en personne** (1re, 2e, 3e personne) **et en nombre avec le sujet.**

### Les règles d'accord

- La terminaison du verbe dépend du sujet. ► Exercices 1, 2, 7
  Ex. : ***tu*** *vois,* ***il*** *voit,* ***ils*** *voient*
- Plusieurs verbes peuvent avoir le même sujet. ► Exercices 3, 7, 8
  Ex. : ***elle*** *l'<u>entend</u> et le <u>voit</u>.*
- Un verbe peut avoir plusieurs sujets ; il se met alors au pluriel. ► Exercices 4, 9
  Ex. : ***Le port et le rempart*** *restent en plan.*
- Le verbe se conjugue à la 1re pers. du pluriel si l'un des sujets coordonnés est un pronom de 1re pers. (je, nous). ► Exercice 5
  Ex. : *Toi et moi* ***sommes*** *contents. Eux et nous* ***sommes*** *heureux.*
- Le verbe se conjugue à la 2e pers. du pluriel si les sujets coordonnés sont à la 2e pers. (tu, vous) et à la 3e pers. ► Exercice 5
  Ex. : *Elle et toi* ***êtes*** *fâchés. Eux et vous* ***êtes*** *amis.*

### L'ordre des mots

- Le plus souvent, le sujet est placé avant le verbe.
  Ex. : ***Elle*** *est loin.*
- Dans les phrases interrogatives, on trouve le pronom sujet après le verbe. Ce **sujet inversé** est relié au verbe par un tiret. ► Exercices 4, 6
  Ex. : *Vois-**tu** ?*
- Placé après des paroles rapportées, le verbe de parole a aussi un sujet inversé. ► Exercices 6, 7, 8
  Ex. : *« J'ai raison »,* ***dit-<u>il</u>****.*

## *Je m'exerce*

**1 Souligne le sujet, puis barre le verbe en gras qui n'a pas la bonne terminaison.**

1. Le dieu des vents lui **répondit/répondirent**.
2. Tout à coup Énée **sent/sentent** ses membres se glacer.
3. Les rames se **brise/brisent**, puis le bateau **dérive/dérivent**.
4. Les côtes **apparait/apparaissent** au loin.

**2 Classe ces formes verbales selon leur personne. Deux réponses sont parfois possibles.**

Peut – sais – créons – allaient – iriez – aime – prennent – couperons – secourt – tend – es – dites – font – louerai – vécus – lûmes – buvez – prièrent – as – gémissez.

| | |
|---|---|
| 1re pers. sing. | |
| 2e pers. sing. | |
| 3e pers. sing. | |
| 1re pers. pl. | |
| 2e pers. pl. | |
| 3e pers. pl. | |

**3 Accorde les verbes à leur sujet au temps de l'indicatif entre parenthèses.**

1. La fourmi .................................. (travailler) et .................................. (amasser) de la nourriture. (imparfait)
2. Les grenouilles ..... .............................. (se plaindre) et .................................. (réclamer) un roi. (présent)
3. « Tu .................................. (danser) et .................................. (trembler) », dit la fourmi à la cigale. (futur)
4. Ils ............................. ... (être) heureux et.................................. (avoir) beaucoup d'enfants. (passé simple)
5. Les loups .................................. (arriver) et .................................. (dévorer) les agneaux. (passé composé)

**4 Accorde le verbe à ses sujets au temps de l'indicatif entre parenthèses.**

1. Le berger et ses chiens .................................. (pourchasser) le loup. (présent)
2. Le rat de ville et le rat des champs .................................. (entendre) du bruit. (passé simple)
3. Le loup et l'agneau .................................. (ne pas parler) longtemps. (passé composé)
4. Le chêne et le roseau .................................. (subir) la tempête. (imparfait)
5. Le lièvre et la tortue .................................. (faire) la course ? (futur)

**5 Barre dans chaque phrase les formes verbales inutiles.**

1. Elle et moi êtes/sommes/sont amies.
2. Elle et lui êtes/sommes/sont inséparables.
3. Lui et toi êtes/sommes/ sont contents.
4. Eux et lui êtes/sommes/sont complices.
5. Vous et moi êtes/sommes/sont ennemis.

**6 a. Souligne le sujet de chaque phrase.**
**b. Entoure la forme correcte du verbe.**

1. Pourquoi { se dresse / se dressent } ce cheval ?
2. Que { fait / font } l'armée troyenne ?
3. Alors { s'élève / s'élèvent } le cri des hommes et le sifflement des câbles.
4. « Nous sommes perdus », { hurlait / hurlaient } les Troyens.
5. Dans ce cheval, { se cachait / se cachaient } la troupe des Grecs.

**7 Lis cet extrait.**

*Le héros Énée fuit Troie en se chargeant de son père. Son épouse et son fils Iule le suivent.*

[...] j'étends sur mes fortes épaules en guise de couverture la peau fauve d'un lion, et me charge de mon fardeau. Le petit Iule, à droite de son père, a mis sa main dans la sienne et le suit de ses petits pas d'enfant. Derrière marche mon épouse. Nous traversons des endroits obscurs et moi, [...] maintenant, un souffle me terrifie, un bruit me tient en éveil, m'angoisse, et j'ai peur pour mon petit compagnon et aussi pour celui que je porte.

**Virgile**, *Énéide*, II, 721-729, trad. A.-M. Boxus et J. Poucet © BCS.

**a. Souligne les verbes conjugués, puis classe-les dans le tableau selon leur personne. Toutes ne sont pas forcément représentées.**

| | |
|---|---|
| 1re pers. sing. | |
| 2e pers. sing. | |
| 3e pers. sing. | |
| 1re pers. pl. | |
| 2e pers. pl. | |
| 3e pers. pl. | |

**b. Trouve, dans le texte, deux verbes qui ont le même sujet.**

........................................................................................................

**c. Trouve, dans le texte, un sujet qui est placé après son verbe.**

........................................................................................................

**8 Lis le début de cette fable.**

Le Paon se plaignait à Junon :
« Déesse, **disait-il**, ce n'est pas sans raison
Que je me plains, que je murmure :
Le chant dont vous m'avez fait don
Déplaît à toute la nature ;
Au lieu qu'un rossignol, chétive[1] créature,
Forme des sons aussi doux qu'éclatants ;
Est lui seul l'honneur du printemps. »

1. faible

**J. de La Fontaine**, *Fables*,
« Le Paon se plaignant à Junon », II, XVII, 1668.

**a. Souligne chaque verbe conjugué et relie-le à son sujet.**

**b. Quel sujet as-tu relié à deux verbes ?** ........................................

**c. Explique la forme en gras « disait-il ».**

........................................................................................................

**d. Quel personnage représente le pronom « il » dans « disait-il » ?** ........................

**e. Quel pronom le Paon utilise-t-il pour s'adresser à Junon ?** ........................

**f. Quel même verbe est utilisé à deux personnes et deux temps différents ?**

........................................................................................................

**9** **Lis ce passage.**

*Les messagers d'Énée observent les abords d'une ville latine.*

Et déjà au terme de leur route, les messagers apercevaient les tours et les hautes demeures des Latins et s'approchaient des murailles. Devant la ville, des enfants et des adolescents dans la fleur de l'âge s'exercent à l'équitation et à maîtriser des chars dans la poussière, ou leurs bras tendent des arcs puissants ou brandissent de souples javelots, et se provoquent à la course et à la lutte [...].

**Virgile**, *Énéide*, VII, 160-165, trad. A.-M. Boxus et J. Poucet © BCS.

a. **Combien de phrases compte cet extrait ?** ..................

b. **Souligne les verbes de la première phrase et entoure leur sujet.**

c. **À quel temps est le premier verbe souligné ?** ..................

d. **À quelle personne sont les trois derniers verbes de la seconde phrase ? Pourquoi ?**

..................

e. **Réécris la première phrase en remplaçant le sujet par « le soldat ».**

..................

..................

**10** **Lis ce début de fable.**

Une chauve-souris donna tête baissée
Dans un nid de belette ; et, sitôt qu'elle y fut,
L'autre, envers les souris de longtemps courroucée,
Pour la dévorer accourut.
« Quoi ! **vous osez**, dit-elle, à mes yeux vous produire,
Après que votre race a tâché de me nuire !
N'êtes-vous pas souris ? Parlez sans fiction[1].
Oui, vous l'êtes, ou bien je ne suis pas belette.
– Pardonnez-moi, dit la pauvrette,
Ce n'est pas ma profession.
Moi, souris ! des méchants vous ont dit ces nouvelles.

1. sans mentir.

**J. de La Fontaine,** *Fables*, « La Chauve-souris et les deux belettes », II, V, 1668.

a. **Souligne tous les verbes dont la belette est le sujet.**

b. **À combien de personnages s'adresse la belette en disant « vous osez » ?**

❑ un ❑ deux ❑ une multitude

c. **Réécris deux fois le passage souligné de deux traits en remplaçant « votre race » par « vous », puis par « tu ».**

..................

d. **Dans le dernier vers, quel est le sujet de « ont dit » ?**

❑ moi ❑ souris ❑ des méchants ❑ vous

**11** *Réécriture*

**Réécris entièrement au singulier la dernière phrase du texte de l'exercice 10 de « des méchants » à « nouvelles ».**

..................

# 35 L'accord de l'attribut avec le sujet

*Je comprends les mots de la grammaire*

On appelle « verbe attributif » tout verbe qui se construit avec un attribut.

## Ce que je sais déjà

*Le Cyclope Polyphème complimente Galatée.*

Tu es plus blanche, Galatée, que les pétales neigeux du troène, plus fleurie que les prés, plus élancée que l'aune, plus brillante que le cristal, plus folâtre que le chevreau, plus lisse que le coquillage poli […]

**Ovide**, *Les Métamorphoses*, XIII, 789-792, trad. de O. Sers, © Les Belles Lettres.

a. Polyphème adresse ce compliment à :
❑ une femme ❑ un homme

b. Quel indice t'a permis de répondre à la première question ?
❑ un adjectif attribut ❑ un pronom sujet

c. Quels mots précis aident à la première réponse ?

..............................................................................................

## Je retiens

L'attribut du sujet s'accorde avec le sujet.

### ■ Quand l'attribut est un adjectif

► Exercices 1, 5

- Il s'accorde alors **en genre et en nombre avec le sujet** du verbe.
  Ex. : *La vie est **belle** / les arbres sont **beaux**. (nom sujet)*
  *Elle est **belle** / ils sont **beaux**. (pronom sujet)*
- S'il est modifié par un adverbe, il reste accordé.
  Ex. : *Ces fleurs sont <u>très</u> **belles**.*
- Si le sujet est un infinitif, l'adjectif s'écrit au masculin singulier.
  Ex. : *Lire est **instructif** et **agréable**.*

### ■ Quand l'attribut est un nom

► Exercice 2

- Il s'accorde **toujours** en nombre.
  Ex. : *Il est **médecin** / Ils sont **médecins**.*
- Il s'accorde **parfois** en genre, si le mot existe aux deux genres.
  Ex. : *Il est **boulanger** / Elle est **boulangère**.*

### ■ Autres attributs possibles :

► Exercices 3, 4

– un pronom possessif ; il s'accorde aussi en personne avec le possesseur.
Ex. : *Cette voiture est **la mienne**. Ces crayons sont **les tiens**.*
– un déterminant interrogatif.
Ex. : *<u>**Quelles**</u> sont ces femmes ? <u>**Quel**</u> est son âge ?*

## Je m'exerce

**1 Associie chaque sujet à son verbe et à son adjectif attribut.**

| | | |
|---|---|---|
| Tu • | • semblent • | • trop court. |
| Vous • | • devient • | • fatiguée. |
| Ses amies • | • parais • | • méchants. |
| Mon pantalon • | • êtes • | • rayonnantes. |

**2** **Chacun des trois noms suivants doit être employé dans deux phrases. Fais à chaque fois les accords nécessaires. Noms à employer :** géant – monstre – navigateur.

1. Les Sirènes ne sont pas .................................................. marins, mais des femmes-oiseaux.
2. Les Cyclopes sont .................................................. qui n'ont qu'un seul œil.
3. Ulysse et Jason sont .................................................. légendaires.
4. Polyphème est .................................................. amoureux de Galatée.
5. Atlas est .................................................. que Persée a pétrifié avec la tête de Méduse.
6. Isabelle Autissier est .................................................. d'aujourd'hui.

**3** **Accorde le déterminant interrogatif *quel* au sujet de la phrase.**

1. ............................ sont ces personnes ?
2. ............................ est cet individu ?
3. ............................ est la déesse qui est intervenue ?
4. ............................ sont les personnages principaux du conte ?

**4** **Trouve le pronom possessif correspondant au pronom personnel entre parenthèses, puis accorde-le en genre et en nombre avec le sujet.**

Ex. : *(nous)* → *Ces gants sont* les nôtres

1. (tu) → Cette bouteille d'eau est ..................................
2. (elle) → Ces valises sont ..................................
3. (vous) → Ces cahiers sont ..................................
4. (ils) → Ce chien est ..................................

**5** **Lis ce passage.**

[…] Adam m'en veut encore de lui avoir fait manger du fruit défendu. Pourtant, l'arbre de la connaissance ! … Il était si délicieux, ce fruit… Même après avoir vécu toutes ces années de malheur, je ne suis pas sûre de regretter mon geste. Et c'est bien grâce à lui, grâce au fruit de la connaissance, que nous sommes si heureux de nos réussites : moi avec mes paniers, Caïn dans ses champs […]

**M.-T. Davidson**, *Caïn, le premier meurtre*, © Éditions Nathan, 2010.

a. **Souligne les adjectifs attributs.**

b. **Entoure le sujet auquel chaque attribut se rapporte.**

c. **Quel est l'infinitif du verbe introduisant les attributs ?** ..................................................

d. **Qui parle dans ce passage ? Justifie alors l'accord du deuxième attribut.** ..................................

..................................................................................................................................

e. **Réécris la phrase contenant le premier attribut en remplaçant « fruit » par « pomme ».**

..................................................................................................................................

## 6 *Dictée préparée*

**Souligne les attributs du sujet. Entoure les groupes nominaux au pluriel.**

*Le Cyclope Polyphème fait des reproches à Galatée qui lui résiste.*

Galatée est plus farouche que les taureaux indomptés, plus dure que le vieux chêne, plus fugitive que l'onde, plus insaisissable que les pousses du saule et de la clématite, plus insensible que ces rochers, plus emportée que le torrent, plus orgueilleuse que le paon qu'on admire, plus violente que la flamme, plus hérissée que les ronces […]

**Ovide**, *Les Métamorphoses*, XIII, 798-803, trad. de O. Sers, © Les Belles Lettres.

# 36 L'accord du participe passé employé avec *être*

*Je comprends les mots de la grammaire*

L'« auxiliaire » (du latin « auxilium » : aide) permet la conjugaison des temps composés.

## *Ce que je sais déjà*

LISETTE. – [votre fille] **est montée** vite dans sa chambre, et pleine de désespoir, **a ouvert** la fenêtre. […] et s'est allée mettre sur son lit. Là elle s'est prise à pleurer […] ses yeux se sont tournés […] et elle m'est demeurée entre les bras.

**Molière**, *L'Amour médecin*, Acte I, sc. 6, 1665.

a. À quel temps sont les verbes en gras ?
❑ passé composé ❑ présent

b. Avec quel auxiliaire les verbes soulignés d'un trait sont-ils conjugués ? ❑ avoir ❑ être

c. La forme soulignée de deux traits est un
❑ infinitif ❑ participe passé ❑ participe présent

## *Je retiens*

### ■ Reconnaitre un participe passé employé avec l'auxiliaire *être*

- Il s'agit de repérer une forme verbale composée de **deux éléments** : la forme conjuguée de l'**auxiliaire *être*** et le **participe passé** du verbe (en -é, -i, -s, -t, -u).
  Ex. : *Votre fille est montée.* ► Exercices 1, 2
- L'auxiliaire *être* s'emploie :
  – aux temps composés de nombreux verbes **attributifs**, d'**état** ou de **mouvement** ;
  Ex. : *Ils sont rest**és** ; elles sont all**ées**.* ► Exercice 3
  – aux temps composés des verbes en ***se (s')*** ;
  Ex. : *Lucinde s'est évanou**ie**.* ► Exercice 4
  – au **passif**.
  Ex. : *Les médecins sont appel**és**.* ► Exercice 5

### ■ Accorder le participe passé employé avec l'auxiliaire *être*

- Le participe passé s'accorde en genre et en nombre avec le sujet du verbe.
  Ex. : *Elle est rest**ée**. Ils se sont conn**us**. Il sera entend**u**.*
  Remarque : pour savoir comment se termine un participe passé au masculin, on peut s'aider du féminin.
  Ex. : *prise → pris ; ouverte → ouvert ; connue → connu.*
  (Le **-s** et le **-t** sont des consonnes finales muettes.)
- Aux temps composés du passif, le verbe comporte deux participes passés : le participe passé de l'auxiliaire *être* qui reste invariable et le participe passé du verbe conjugué qui s'accorde avec le sujet.
  Ex. : *Elle a [été] observ**ée**.* (f. sing.) *Ils ont [été] pun**is**.* (masc. pl.) *Nous avions [été] accueill**is**.* (masc. pl.)
  *Tu auras [été] reç**ue**.* (f. sing.)

## *Je m'exerce*

**1** a. **Conjugue le verbe *être* au présent de l'indicatif.**

Je ……………… tu ……………… il ………………

Nous ……………… vous ……………… ils ………………

b. **Conjugue le verbe *être* à l'imparfait de l'indicatif singulier.**

J'……………… tu ……………… il ………………

**2** **Conjugue ces verbes au passé composé en suivant la consigne entre parenthèses.**

1. Venir (3e pers. sing. et pl. masculin) : ..............................
2. Devenir (3e pers. sing. et pl. féminin) : ..............................
3. Arriver (1re pers. sing. et pl.) : ..............................
4. Naitre (2e pers. sing. et pl. féminin) : ..............................

**3** a. **Souligne les verbes conjugués au passé composé.**

La représentation de la pièce de Molière *Le Médecin malgré lui* a remporté un grand succès hier soir. Les spectateurs sont entrés en grand nombre, ont apprécié les décors et les costumes et ont adoré les acteurs principaux. Ils ont beaucoup applaudi à la fin du spectacle et sont rentrés chez eux enchantés.

b. **Entoure ceux dont le participe passé est employé avec l'auxiliaire *être*.**

c. **Pour chaque verbe entouré, indique le sujet avec lequel s'accorde le participe passé.**

..............................

**4** **Mets les verbes en *se (s')* au passé composé pluriel.**

Ex. : *Elle s'est mariée → elles se sont mariées.*

1. Il s'est battu : ..............................
2. Tu t'es assis : ..............................
3. Je me suis énervée : ..............................
4. Elle s'est levée : ..............................
5. Tu t'es endormie : ..............................

**5** **Accorde avec le sujet le participe passé de chaque verbe.**

1. La jeune fille a été .............................. (guérir) par le médecin.
2. Nous fûmes .............................. (surveiller) par nos parents.
3. Toi, Madeleine, tu seras .............................. (marier) à un prince.
4. Elles avaient été .............................. (interroger) par la police.
5. Citoyens, vous serez .............................. (protéger).
6. Moi, Schéhérazade, je suis .............................. (menacer) par le sultan.

## 6 Réécriture

**Réécris ce petit texte en remplaçant « le médecin » par « les médecins ».**

Le médecin est venu soigner Lucinde et il est assisté d'un apothicaire. Il est entré dans la pièce et il s'est assis pour examiner la jeune fille. Puis il s'est entretenu avec son père. Il est tout de suite reconnu par celui-ci comme un savant et il est très vite décrit comme un médecin de talent.

..............................

..............................

..............................

..............................

# 37 L'accord du participe passé conjugué avec *avoir*

*Je comprends les mots de la grammaire*

Un participe passé est dit *invariable* quand on le laisse au masculin singulier, quel que soit le sujet du verbe.

## Ce que je sais déjà

*Une fée explique comment deux hommes ont été transformés en chiens.*

C'est une de mes sœurs, à qui j'en **ai donné** la commission, et qui en même temps a coulé à fond leur vaisseau. […] Je les **ai condamnés** à demeurer dix ans sous cette forme.

*Sindbad le marin et autres contes des Mille et Une Nuits,* Coll. Petits Classiques Larousse, © Larousse 2007.

a. Avec quel auxiliaire les verbes en gras sont-ils conjugués ?
❑ avoir ❑ être

b. Quel est le sujet du verbe souligné d'un trait ?
❑ mes sœurs ❑ je (la fée) ❑ à qui

c. Le verbe souligné de deux traits a un :
❑ COD ❑ COI ❑ attribut

## Je retiens

### Cas général : le participe passé invariable

- Le participe passé d'un verbe conjugué avec *avoir* aux temps composés reste **invariable**, c'est-à-dire qu'il prend les terminaisons du **masculin singulier** en **-é**, **-i**, **-s**, **-t**, **-u**.
  Ex. : *J'ai lavé, tu avais fini, elle aura pris, nous eûmes dit, vous auriez reçu.*
- Il ne s'accorde donc **jamais avec le sujet du verbe**. Le **-s** de certains participes passés fait partie de leur radical.
  Ex. : *Ils ont lavé, vous aviez fini, nous eûmes dit / nous aurions pris.*

### Les cas d'accord du participe passé

S'il y a un COD placé **avant le verbe**, le participe passé **s'accorde avec ce COD**.
C'est le cas lorsque :

– le COD est au début d'une phrase interrogative ; ► Exercice 2
Ex. : ***Quels hommes** a-t-elle changés ?*

– le COD est un pronom personnel ; ► Exercice 3
Ex. : *Elle **les** a changés. Elle **nous** a changés. L'homme, elle **l'**a changé.*

– le COD est le pronom relatif *que (qu')* : il prend le genre et le nombre du mot qu'il complète. ► Exercice 4
Ex. : *Les hommes **qu'**elle a changés sont malheureux.*
(masc. pl.)

## Je m'exerce

**1** a. **Conjugue le verbe *avoir* au présent de l'indicatif.**

J' .................... tu .................... il ....................
Nous .................... vous .................... ils ....................

b. **Conjugue le verbe *avoir* à l'imparfait de l'indicatif, au singulier.**

J'.................... tu .................... il ....................

c. **Conjugue le verbe *avoir* au futur simple de l'indicatif, au pluriel.**

Nous .................... vous .................... ils ....................

**2 Réécris la phrase selon le modèle de l'exemple. Respecte les accords.**

Ex. : *Tu as lu les livres. → Quels livres as-tu lus ?*

1. Nous avons acheté les revues. ..................................................
2. Ils ont égaré la clé. ..................................................
3. Tu as promené le chien. ..................................................
4. Tu as perdu les gants. ..................................................
5. Elle avait pris les fleurs. ..................................................

**3 Réécris la phrase selon le modèle de l'exemple. Respecte les accords.**

Ex. : *(Moi, Clara) Il a appelé. → Il m'a appelée.*

1. (Toi, Paul) Elle a bien accueilli. ..................................................
2. (Lui, Ahmed) Nous avons remercié. ..................................................
3. (Elle, Sarah) Tu as aimé. ..................................................
4. (Nous, les garçons) Ils ont choyé. ..................................................
5. (Vous, les filles) Elles ont gâté. ..................................................
6. (Eux, les enfants) Ils ont élevé. ..................................................
7. (Elles, les mères) J'ai salué. ..................................................

**4 Accorde le participe passé. Indique le genre et le nombre sous le mot souligné et le participe passé.**

Ex. : *<u>La jeune fille</u> que tu as **vu<u>e</u>** est ma sœur.*

(f. sing.) (f. sing.)

1. <u>Les bruits</u> qu'ils ont entendu...... sont faibles.

(......................) (......................)

2. <u>Les portes</u> que nous avons fermé...... grincent.

(......................) (......................)

3. <u>La matière</u> que j'ai préféré...... était le français.

(......................) (......................)

4. *Le Petit Prince* est <u>un livre</u> que j'ai adoré...... .

(......................) (......................)

## 5 *Énigmes*

**a. Associe chaque phrase à son explication. Aide-toi des accords pour répondre.**

| | |
|---|---|
| 1. Alice se rappelle le gâteau et les pommes qu'elle a mangées. • | • Elle a mangé seule le gâteau et les pommes. |
| 2. Alice se rappelle le gâteau et les pommes qu'elles ont mangés. • | • Elle a mangé les pommes mais peut-être pas le gâteau. |
| 3. Alice se rappelle le gâteau et les pommes qu'elle a mangés. • | • Elle a mangé le gâteau et les pommes avec des amies. |

**b. Elle se souvient du gâteau et des pommes qu'elle a mang<u>ées</u>.**

Qu'a-t-elle mangé ? ❑ le gâteau ❑ le gâteau et les pommes ❑ les pommes

# 38 Les accents et les autres signes

*Je comprends les mots de la grammaire*

« Cédille » est un mot d'origine espagnole qui signifie « petit z ».

## *Ce que je sais déjà*

Dans les forêts dépouillées
Déjà les feuilles rouillées
Font un tapis de velours,
Et l'on entend de l'automne
**Gémir** le chant monotone
**Coupé** par des sanglots lourds.
[…]
Et tous les oiseaux sauvages
S'appellent sur les rivages
Près des **étangs défleuris**.

**J. Richepin**, *La Chanson des gueux*, 1876.

a. Quel est le type d'accent utilisé sur le *e* des mots en gras ? ❑ aigu ❑ grave

b. L'accent du mot souligné de deux traits est un accent grave.
❑ vrai ❑ faux

c. Les mots soulignés d'un trait ont un accent ❑ circonflexe ❑ grave

## *Je retiens*

Les **accents** et les **signes** facilitent la **prononciation** des mots.

### ■ L'accent aigu (é) et l'accent grave (à, è, ù)

► Exercices 1, 3

- L'**accent aigu** se place uniquement sur le **e** et indique un **son fermé**.
  Ex. : *Coupé, gémir*
- Placé sur le **e**, l'**accent grave** indique un **son ouvert**.
  Ex. : *Près de, légèrement, poème.*
- On ne met pas d'accent sur un **e** suivi d'une consonne double ou d'un **-x**.
  Ex. : *Ils jettent, pauvrette, examen.*

### ■ L'accent circonflexe (â, ê, î, ô, û)

► Exercices 2, 3

Il marque une **lettre disparue** (souvent un **s**) qu'on peut retrouver dans d'autres mots de la même famille. Sur un **e**, il indique un **son ouvert**.
Ex. : *Forêt vient de **forest** (déforestation).*

### ■ Le tréma (ë, ï, ü)

► Exercice 4

Quand **deux voyelles** se suivent, il indique qu'elles se prononcent **séparément**.
Ex. : *Héroïne, Noël.*

### ■ L'apostrophe (')

► Exercices 3, 6

Elle **remplace une voyelle** supprimée devant une autre voyelle ou un **h** muet.
Ex. : *la amie → l'amie ; ce est → c'est ; si il → s'il ; aujourd'hui.*

### ■ La cédille (ç)

► Exercice 5

La **cédille** fait prononcer le **c comme un [s] devant a, o, u**.
Ex. : *Il lança, un maçon, reçu.*

## *Je m'exerce*

**1 Place l'accent aigu là où il est nécessaire.**

1. Tu simplifies – tu les as simplifies.
2. Ils ont recoupe – ils decoupent.
3. Nous avons demande – je jette.
4. Nous appelons – il a rejete.
5. Il est énerve – vous examinez.
6. Ils se sont exerces – j'ai ete.

**2** **À l'aide du mot de la même famille, ajoute l'accent circonflexe au bon endroit.**

1. hopital (hospitalier)
2. hotel (hostellerie)
3. cote (accoster)
4. bete (bestial)
5. chateau (castel)
6. vetement (vestimentaire)
7. fete (festival)
8. ancetre (ancestral)
9. arreter (arrestation)

**3** a. **Lis ce début de poème et entoure les lettres accentuées.**

– Est-ce que Dieu permet de ces malheurs sans nom
Qui font que dans le cœur le désespoir se lève ? –
Il me semblait que tout n'était qu'un affreux rêve,
Qu'elle ne pouvait pas m'avoir ainsi quitté,
Que je l'entendais rire en la chambre à côté...

**V. Hugo**, *Les Contemplations*, IV, « Oh ! je fus comme fou... », 1856.

b. **Classe dans le tableau les mots munis des accents trouvés.**

| Accent aigu | Accent grave | Accent circonflexe |
|---|---|---|
| | | |

c. **Quelles lettres les apostrophes remplacent-elles dans ce texte ?**

..................................................................................................

..................................................................................................

**4** a. **Place sur les mots suivants un tréma si nécessaire.**

Aieul – caiman – déesse – égoiste – haiku – hardiesse – inoui – mais – nuance – ouie – prouesse.

b. **Quel mot a un autre sens sans tréma ?** ..................................................

c. **Quels sont les deux mots qui appartiennent à la même famille ?** ..................................

**5** **Utilise la cédille pour former de nouveaux mots.**

a. **À partir de ces verbes en *-cer*, forme des adjectifs ou des noms en *-ant*.**

Agacer – commercer – grimacer – grincer – menacer – percer – remplacer.

..................................................................................................

b. **À partir de ces verbes en *-cer*, forme des adjectifs en *-able*, et leurs contraires quand ils existent.**

Effacer – influencer – prononcer – remplacer

..................................................................................................

**6** a. **Réécris au singulier cette phrase.**

Dès que les habitants les ont aperçus, les oiseaux se sont envolés.

..................................................................................................

b. **Explique pourquoi des apostrophes apparaissent.**

..................................................................................................

**7** *Énigmes*

**Trouve le mot à cédille qui est le sujet de chaque phrase.**

1. Le g.................. fond dans l'eau. 2. Le g.................. sert le client. 3. L'h.................. attrape le poisson.
4. La l.................. s'apprend par cœur.

# 39 Les homophones(1) [e], [on], [ou]

*Je comprends les mots de la grammaire*
« Homophone » vient de deux radicaux grecs : « homo » (= identique), « phone » (= voix, son). Un homophone ressemble à un autre mot par ses sons.

## Je retiens

### Les homophones grammaticaux en [e]

▶ Exercices 1, 2

| | | |
|---|---|---|
| **ET** | • conjonction de coordination Ex. : *Il chasse et il pêche. Elle est belle et intelligente* (= et puis) (= et en plus) | |
| **ES** | • être, 2e pers. sing. présent indicatif Ex. : *Tu **es** un ami.*<br>• complété par un pronom :<br>– l' : Mon ami, tu **l'es** depuis longtemps.<br>– m' : Tu **m'es** très sympathique. | **Verbe *être*** (sous l'accent circonflexe, se cache le -s) |
| **EST** | • être, 3e pers. sing. présent indicatif Ex. : *Il **est** mon ami.*<br>• complété par un pronom :<br>– l' : Mon ami, il **l'est** depuis longtemps.<br>– m' : Il **m'est** très sympathique.<br>– s' : Il **s'est** excusé.<br>– t' : Il **t'est** très sympathique. | |
| **AI** | • avoir, 1re pers. sing. présent indicatif Ex. : *J'**ai** des amis.*<br>• avoir, 1re pers. sing. passé composé indicatif complété par un pronom Ex. : *Je l'**ai** dit* | |

### Autres confusions à éviter avec *être*

▶ Exercice 4

| | |
|---|---|
| **SONT** | • être, 3e pers. pl. présent indicatif Ex. : *Ils **sont** ses amis.* |
| **SON** | • déterminant possessif : Ex. : *Il voit **son** amie et **son** chien.* (f.) (m.) |

### Quelques autres cas d'homophones (Mais où se presser (près-c) ?)

| | | | |
|---|---|---|---|
| **MAIS** | • conjonction de coordination (= et pourtant)<br>Ex. : *Elle est sévère, **mais** juste.* | **OÙ** | • Mot interrogatif ou relatif<br>Ex. : ***Où** vas-tu ?*<br>*La ville **où** j'habite est agréable.*<br>(là où il y a des accents partout)<br>▶ Exercice 4 |
| **MES** | • déterminant possessif pluriel de 1re pers. (= les miens, les miennes)<br>Ex. : *Je cherche **mes** affaires.*<br>▶ Exercice 5 | **OU** | • conjonction de coordination (= ou bien)<br>Ex. : *Fromage **ou** dessert, tu as le choix.* |
| **SE** | • pronom personnel réfléchi de 3e pers.<br>Ex. : *Il **se** tait.*<br>▶ Exercice 3 | **CES** | • déterminant démonstratif pluriel (= ceux-là, celles-là)<br>Ex. : *Je veux **ces** chaussures.* |
| **CE** | • pronom démonstratif neutre<br>Ex. : ***Ce** n'est pas **ce** que je veux.*<br>• déterminant démonstratif masc. sing.<br>Ex. : ***Ce** livre est excellent.* | **SES** | • déterminant possessif pluriel de 3e pers. (= les siens, les siennes)<br>Ex. : *Il met **ses** chaussures.* |
| **CEUX** | • pronom démonstratif (= les gens)<br>Ex. : ***Ceux** qui arrivent sont nos amis.* | **C'EST** | • présentatif (= voilà)<br>Ex. : ***C'est** l'ami dont je vous parle.*<br>▶ Exercice 2 |

| | |
|---|---|
| **PRÈS DE** | • préposition (= proche de) Ex. : *Il est assis **près de** moi.* |
| **PRÊT À/POUR** | • adjectif Ex. : *Il est **prêt à** agir/**pour** l'action.* ▶ Exercice 4 |

## Je m'exerce

**1** **Entoure l'homophone en [e] dans la phrase. Relie l'homophone à sa définition.**

1. Elle est plus grande que toi. •
2. Marc a un véhicule rouge et blanc. •
3. Vous voyez tout ce que j'ai. •
4. Son chant n'est pas mélodieux. •

• conjonction de coordination
• 3e pers. du singulier *être*
• 1e pers. du singulier *avoir*

**2** a. **Complète ce texte avec « ses », « ces », ou « c'est ».**

Rhéa Silvia a eu deux enfants du dieu Mars. Le roi, son oncle, lui a enlevé .......................... fils. Il les a confiés à un de .......................... serviteurs pour qu'il les tue. Une louve a recueilli .......................... enfants. Et elle les a nourris comme .......................... louveteaux. Ainsi .......................... jumeaux ont évité la mort. .......................... une légende extraordinaire !

b. **Le dernier homophone est un déterminant.** ❑ oui ❑ non

**3** **Associe chaque définition de l'homophone ce (c') / se (s') à la phrase où il est souligné.**

Pronom démonstratif sujet •
Déterminant démonstratif •
Pronom personnel complément •

- Il ne viendra pas ce matin.
- Elles se sont sauvées.
- Ce sera de sa faute.
- Je ne veux pas de ce manteau.
- La fourmi s'est activée tout l'été.
- Il pense que c'est fini.
- Ce que tu dis est inexact.
- Les gens arrivent sans se presser.

**4** a. **Relie par des flèches les groupes de mots pour former des phrases évoquant les héros de Rome.**

| | | |
|---|---|---|
| 1. Rémus • | • sont • | • à observer les oiseaux. |
| 2. La grotte • | • prêt • | • ensuite élevés par des bergers. |
| 3. Romulus est • | • où • | • vit la louve est obscure. |
| 4. Les jumeaux • | • ou • | • de Rhéa Silvia sa bien-aimée. |
| 5. Mars s'assoit • | • près • | • Romulus sera roi de Rome. |

b. **À quel numéro de phrase ainsi formée correspond l'affirmation suivante ?**

Ce mot invariable, qui se caractérise par un accent grave, indique un lieu proche, comme le montre l'exemple de la phrase ..............

**5** **Lis ce passage d'*Alice au pays des merveilles*.**

*Alice a grandi trop vite.*

Oh, mes pauvres petits pieds, je me demande qui, à présent, vous mettra vos bas et vos souliers, mes chéris. Pour ma part, je suis sûre de n'en être pas capable ! Je serai certes bien trop loin pour pouvoir m'occuper de vous. Vous n'aurez qu'à vous débrouiller tout seuls.

« Mais il faut que je sois gentille avec eux, se dit Alice ; sinon, ils pourraient refuser de me conduire là où je voudrai aller ! »

**L. Carroll**, *Alice au pays des merveilles*, trad. de H. Parisot, © Robert Laffont, 1989.

a. **À quelle personne parle le personnage ?** ❑ 1re ❑ 2e ❑ 3e pers. du sing.

b. **Entoure les déterminants possessifs du texte.**

c. **Deux d'entre eux ont un homophone dans le texte : souligne-le.**

d. **Quelle est la nature de cet homophone ?** ..........................................................................

# 40 Les homophones(2) en [a] et [on]

*Je comprends les mots de la grammaire*
Un homonyme est un homophone particulier : les sons qui se ressemblent forment un autre mot. Par exemple « sot », « seau », « saut » et « sceau ».

## Je retiens

### Les principaux homophones grammaticaux en [a]

| | |
|---|---|
| **À** | • Préposition devant :<br>– un nom. Ex. : *Je donne un cadeau **à** Marie.*<br>– un G.N. Ex. : *Je donne un cadeau **à** ma camarade.*<br>– un pronom. Ex. : *Je le lui donne **à** elle.*<br>– un infinitif. Ex. : *C'est un exercice facile **à** faire.*<br>(🗝 **à** et pr**é**position, les deux ont un accent.) ► Exercice 1 |
| **AS** | • avoir, 2e pers. sing. présent indicatif Ex. : *Tu **as** des amis.*<br>• complété par un pronom : – l' : Ex. : *Tu **l'as** dit.*<br>– m' : Ex. : *Tu **m'as** dit.* ► Exercices 1, 2<br>**Verbe *avoir*** (🗝 **a** avec ***avoir*** : pas d'accent, on remplace par **avais**) |
| **A** | • avoir, 3e pers. sing. présent indicatif Ex. : *Il **a** des amis.*<br>• complété par un pronom : – l' : Ex. : *Il **l'a** dit.*<br>– m' : Ex. : *Il **m'a** dit.*<br>– t' : Ex. : *Il **t'a** dit.* ► Exercices 1, 2, 6<br>**Verbe *avoir*** (🗝 **a** avec ***avoir*** : pas d'accent, on remplace par **avait**) |

### Autres confusions à éviter avec *avoir* en [on] et [e]

| | |
|---|---|
| **ONT** | • *avoir*, 3e pers. pl. présent indicatif Ex. : *Ils **ont** des amis.* |
| **ON** | • pronom indéfini Ex. : ***On** a frappé à la porte.* ► Exercice 3 |
| **M'ONT** | • *avoir*, 3e pers. pl. passé composé indicatif complété par un pronom<br>Ex. : *Ils **m'ont** dit bonjour.* ► Exercice 5 |
| **MON** | • déterminant possessif de 1re pers. Ex. : *Il est **mon** ami.* |
| **AI** | • verbe *avoir*, 1re pers. sing. présent indicatif Ex. : ***J'ai** des amis.* |
| **ES/EST** | • verbe être : – 2e pers. sing. présent indicatif Ex. : *Tu **es** un ami.*<br>– 3e pers. sing. présent indicatif Ex. : *Il **est** mon ami.*<br>Remarque : *voir leçon 39.* |

### Autres mots avec le son [a]

| | |
|---|---|
| **LÀ** | • adverbe de lieu (= à cet endroit).<br>Ex. : *Mon ami est **là**.* ► Exercice 4 |
| **LA** | • article défini féminin.<br>Ex. : *Je regarde **la** lune.* ► Exercices 2, 4<br>• pronom COD féminin.<br>Ex. : *Tu **la** vois.* (avec un verbe au temps simple) ► Exercices 2, 4 |

## Je m'exerce

**1 Dans chaque phrase, se trouve un homophone en [a]. Associe chacun d'eux à la bonne explication.**

1. Elle se met à courir. •
2. Il a du temps. •
3. Tu as vu son frère. •
4. Mon père va à la gare. •
5. Ils vont à pied. •
6. Tu n'as pas tort. •
7. Elle a raison. •

• Après le pronom sujet, c'est la forme verbale.
• On met la préposition devant le ou les mots compléments.

**2 Mets les phrases suivantes au singulier en respectant l'accord et en utilisant le bon homophone.**

1. Ces oranges, vous les avez achetées au marché. ..............................
2. Ces livres, ils les ont lus cette semaine. ..............................
3. Ces routes, ils les ont empruntées à vélo. ..............................
4. Ces camions, vous les avez suivis longtemps. ..............................
5. Ces pièces, ils les ont mises dans un tiroir. ..............................
6. Ces pies, nous les voyons. ..............................

**3 Remplace le pronom indéfini « on » par « nous » ou « quelqu'un » selon le cas.**

1. On est partis à l'heure. ..............................
2. On m'a dit que tu souffrais. ..............................
3. Je ne sais pas ce qu'on a fait des clés. ..............................
4. Il ignore qu'on est venus en son absence. ..............................
5. Je ne sais si on l'a prévenu. ..............................

**4 a. Ajoute les éléments en [la] qui manquent. Choisis entre les façons d'écrire suivantes : *la, là, l'a, l'as*.**

1. Restons-en ............ . Cet homme-............ ne ............ pas fait.
2. Mets-............ ............-haut sur le buffet, ............ où les enfants ne ............ verront pas.
3. En ce temps-............, Sindbad errait de-ci de-............ sur ............ mer.
4. ............ voilà ! Je ............ distingue ............-bas à l'horizon.
5. Tu ne ............ pas vue celle-............, mais moi si, je ............ vois.

**b. Quelle est la classe grammaticale du dernier [la] de la phrase 3 ?**

..............................

**5 a. Souligne deux mots homophones présents dans le texte.**

> Les marchands m'**emmenèrent** au logement où ils demeuraient tous ensemble ; et là, [...] la grosseur de mes diamants les **surprit**, et ils m'**avouèrent** que [...] ils n'en avaient pas vu un qui en approchât.
>
> *Contes des Mille et Une Nuits*, CCXVIII nuit, « Second voyage de Sindbad le marin », trad. A. Galland.

**a. Réécris cette phrase en conjuguant au passé composé les verbes en gras.**

..............................

..............................

..............................

## 6 *Réécriture*

**Réécris les formes en gras en remplaçant le passé simple par le passé composé.**

Ma grand-mère **me raconta** mes premières fables. ..............................

Elle **me parla** du renard et de son fromage. ..............................

Plus tard, la maitresse **me fit** réciter ..............................

des fables, et la classe **m'écouta**. ..............................

# 41 L'origine des mots

*Je comprends les mots de la grammaire*
Le mot « étymologie » est formé de deux racines grecques : « étymo- » (=vrai) et « -log- » (=discours). L'étymologie donne le « sens vrai » des mots.

## Ce que je sais déjà

**Aquilin** [akilɛ̃] adj. m. – 1468 ; LAT. *aquilinus*, de *aquila* « aigle » ◊ *Nez aquilin*, fin et recourbé en bec d'aigle.

**Aquilon** [akilɔ̃] n. m. – 1120 ; LAT. *aquilo*, vent du nord, rapide comme l'aigle, *aquila* ◊ POÉT. Vent du nord, froid et violent. – PAR EXT. Vent violent. « *Vaisseau favorisé par un grand aquilon* » (Baudelaire). ◊ FIG. et POÉT. Le nord. « *Du Sud à l'aquilon, de l'aurore au couchant* » (Lamartine).



Lis attentivement ces articles de dictionnaire.

a. Quel est le mot le plus ancien ? ❏ AQUILIN ❏ AQUILON

b. Justifie ta réponse.

..........................................................................................

c. Quel nom de langue apparait au début de chaque article ?

..........................................................................................

## Je retiens

### L'origine des mots

- Le vocabulaire de la langue française s'est formé au fil des siècles.
- Il emprunte à l'Antiquité des mots gaulois, latins et germaniques.

► Exercices 1, 3, 5

- Au Moyen Âge, la langue parlée modifie la prononciation des mots qui deviennent les mots **populaires**. ► Exercice 4
- Au même moment, les gens instruits (les **clercs**) introduisent dans la langue écrite de nombreux mots nouveaux, les mots **savants**, très proches du latin. ► Exercice 4
- Depuis les grandes découvertes et les voyageurs de la Renaissance, la langue française fait des **emprunts** aux **langues étrangères** ou invente des mots nouveaux, les **néologismes**, et elle continue de le faire. ► Exercices 2, 6

### L'étymologie, science de l'origine des mots

L'origine d'un mot se trouve dans un dictionnaire étymologique ou au début d'un article de dictionnaire courant.

Ex. : **ÉTYMOLOGIE**, n. f. (XIVe, titre d'un ouvrage, en 1160 ; LAT. *etymologia*, du GR. *etumos* « vrai »)

- GR. *etumos* ↑ Origine grecque du mot latin.
- XIVe ↑ Début de l'utilisation courante.
- 1160 ↑ Première apparition connue du mot.
- LAT. *etymologia* ↑ Origine latine du mot.

## Je m'exerce

**1 Classe les mots suivants selon leur origine. Aide-toi d'un dictionnaire.**

Arme- bec – bleu – fer – guerre – mouton – bourg – galet – salut.

| gaulois | latin | germanique |
| --- | --- | --- |
| | | |

**2** **Ces abréviations de dictionnaire désignent des langues. Lesquelles ? Aide-toi d'un dictionnaire pour répondre.**

ALL. : ........................................ GAUL. : ........................................ IT. : ........................................

ANGL. : ........................................ GERM. : ........................................ LAT. : ........................................

AR. : ........................................ GR. : ........................................ NÉERL. : ........................................

ESP. : ........................................ HÉBR. : ........................................ SCAND. : ........................................

**3** **Du latin au français, la lettre accentuée disparaît. Découvre le mot français qui en résulte.**

Tab**ú**lam → Tab........ Mer**ú**lam → M........e Bucc**ú**lam → Bou........

Diab**ó**lum → Dia ........ Orac**ú**lum → Or........e Sab**ú**lum → ...a...l...

**4** **Certains mots latins ont donné deux mots français, l'un populaire, l'autre savant. Complète ce tableau à l'aide d'un dictionnaire si nécessaire.**

| Latin | Mot populaire | Mot savant |
|---|---|---|
| *apprehendere* | apprendre | |
| *legalis* | loyal | |
| *navigare* | nager | |
| *operare* | œuvrer | |
| *separare* | sevrer | |
| *territorium* | terroir | |

**5** **Lis cet extrait.**

Or voici qu'Actéon [...] parvient au bois sacré ; car c'est là que le pousse sa destinée. À peine l'aperçoit-elle que Diane rougit d'avoir été vue sans vêtement. Elle aurait bien voulu avoir des flèches dans la main ; elle prend ce qu'elle a, de l'eau, la jette à la figure du jeune homme [...] : « Maintenant va raconter que tu m'as vue sans voile ; si tu le peux, j'y consens. » Bornant[1] là ses menaces, elle fait naître sur la tête ruisselante du malheureux les cornes du cerf, elle allonge son cou, termine en pointe le bout de ses oreilles, change ses mains en pieds, ses bras en longues jambes et couvre son corps d'une peau tachetée.

1. arrêtant

**Ovide**, *Les Métamorphoses*, III, 174 et 185-197, trad. de O. Sers, © Les Belles Lettres.

**Voici six mots latins du texte original. Retrouve par quels mots soulignés ils ont été traduits et relie-les aux mots qu'ils ont donnés en français.**

mutat ........................................ • • fatal

fata ........................................ • • sagittaire

capiti ........................................ • • narrateur

sagittas ........................................ • • mutation

narrare ........................................ • • décapiter

manus ........................................ • • manuel

## 6 Écriture

**Fais une recherche pour trouver l'histoire d'un de ces mots :** boycotter – calepin – mansarde – mécène – sandwich – silhouette. **Utilise le maximum d'entre eux dans une phrase.**

........................................................................................................................

........................................................................................................................

# 42 La formation des mots

*Je comprends les mots de la grammaire*

Le latin « radicalis » signifie « en rapport avec la racine ». Le radical se cache sous la surface du mot, comme une racine dans le sol.

## *Ce que je sais déjà*

**Liseuse**, n. f.
*Domaine :* Édition et livre - Informatique.
*Définition :* Appareil portable doté d'un écran et destiné au stockage et à la lecture des livres numériques ou des périodiques.
*Note :* On trouve aussi le terme « livre électronique ».
*Voir aussi :* livre numérique.
*Équivalent étranger :* e-book reader, electronic book reader, electronic reader, e-reader, reader.
***Attention :*** Cette publication annule et remplace celle du terme « livre électronique » au *Journal officiel* du 18 janvier 2005.

Extrait du *Rapport annuel de la Commission générale de terminologie et de néologie 2012*, p. XXXIV (J.O. du 4 avril 2012).

a. À quel siècle le mot apparait-il ?
❑ XIXe ❑ XXe ❑ XXIe

b. Quel est l'ancien nom de la « liseuse » ?

.......................................................................

c. Sous quel nom d'une langue étrangère connait-on « liseuse » ?

.......................................................................

## *Je retiens*

La langue française forme des mots nouveaux de deux façons : par **dérivation** ou **composition**. Pour cela, elle part de **mots simples**, que l'on ne peut décomposer (Ex. : table), ou de racines latines ou grecques.
Ex. : *tablette, liseuse*

### La dérivation

- Les **mots dérivés** comportent plusieurs éléments qui ont chacun un sens.
  Ex. : *liseuse* → *lis-* / *-euse*
  (mot dérivé) (lire) (machine qui fait l'action)

- Le **radical** est porteur du sens principal. ► Exercices 2, 3, 4, 6
  Ex. : *lis-* est le radical de *lis-euse*
  (lire)

- Le **préfixe** se place avant le radical, le **suffixe** se place après le radical. Ces éléments n'existent que rattachés au radical. ► Exercices 1, 3, 6
  Ex. : *préfixe* → *il-* *-lis-* *-ible* ← *suffixe*
  (ne pas) (lire) (pouvoir) = qu'on ne peut pas lire

### La composition

► Exercices 4, 5, 7

La **composition** relie des mots déjà existants :
– par **juxtaposition** ;
Ex. : *portefeuille, bonjour*
– avec un **tiret** ;
Ex. : *lave-vaisselle*
– avec une **préposition**.
Ex. : *fer **à** repasser, trait **d'**union*

## *Je m'exerce*

**1 Les noms suivants ont un suffixe en *-euse*. Certains désignent une personne, d'autres une chose ou les deux. À toi de les répartir dans les colonnes suivantes.**

acheteuse – coiffeuse – couveuse – danseuse – friteuse – moissonneuse – perceuse – tricoteuse – vendeuse.

| personne | personne et/ou chose | chose |
|---|---|---|
| | | |

**2** Entoure le radical de chaque mot.

1. déboucher - accouder – adosser – agenouillé – embrasser.
2. revenir – décoiffer – grisaille – acclimater – fleuriste.

**3** Sépare le radical du préfixe et/ou du suffixe à l'aide d'un tiret.

1. recopier: ..................
2. promenade: ..................
3. empoignade: ..................
4. réécrire: ..................
5. roulade: ..................
6. enrouler: ..................

**4** **Forme des mots composés en associant les mots par deux :** fleur – ouest – porte – chou – loup – sud – monnaie – chien. **Aide-toi d'un dictionnaire.**

..................

**5** Lis cette série de mots.

Un étui de mathématiques contenant : une règle, une équerre, un rapporteur, compas de réduction, décimètre, tire-ligne, etc.

**A. Rimbaud**, *Correspondance*, 1882.

a. **Connais-tu d'autres mots de la famille de « rapporteur » ?**

..................

**Ce mot est-il formé par *dérivation* ou *composition* ? Barre la proposition fausse.**

b. **Explique la formation du mot « tire-ligne ».**

..................

c. **Forme deux mots à partir du radical de « règle ».** ..................

**6** Lis cet extrait de poème sur le printemps.

Au royaume du vert

Ouvre tout grand, ouvre dans les chambrettes,
Qu'on voie le vent gonfler les rideaux de coton.
Et puis je sors. Passe-moi mon bâton.
La fleur éclot, c'est la fête aux fleurettes,
L'herbe verdoie, c'est la fête à l'herbette [...]

**H. Pourrat**, « Au royaume du vert », DR.

a. **Trois vers ont la même rime. De quel suffixe s'agit-il ?** ..................

b. **Trouve le radical de chacun des mots qui ont ce suffixe.**

..................

c. **Quel mot pris d'un exemple de la leçon peut être utilisé pour la rime ?** ..................

**7** *Énigmes*

**En utilisant les noms composés du vocabulaire de la famille, réponds à la question « Qui suis-je ? »**

1. Je suis l'épouse de ton frère. ..................
2. Je suis le fils de ton arrière-grand-père. (2 réponses possibles) ..................
3. Je suis l'arrière-grand-mère de ta fille. ..................
4. Je suis le fils du petit-fils de ton père. ..................
5. Je suis la sœur de ton grand-père. ..................

# 43 Les familles de mots

*Je comprends les mots de la grammaire*

Le « préfixe » est fixé devant le radical (*prae* = devant en latin). Le « suffixe » est fixé derrière le radical (*sub* > suf- = sous en latin).

## Ce que je sais déjà

**Antipyrine**, n. f.
– 1884 ; allemand *Antipyrin* • MÉD. Médicament à noyau benzénique, antipyrétique et analgésique.

**Antiquaille**, n. f.
– 1671 ; « l'Antiquité » 1507 ; italien *anticaglia, de antico* « antique » • PÉJ. Antiquité ou objet ancien sans valeur. ⇒ **vieillerie**.

**Antiquaire**, n.
– 1568 ; Latin *antiquarius* « relatif à l'antiquité » **1•** Vx Archéologue. **2•** (1823 ; allemand *Antiquar*) MOD. Marchand, marchande d'objets d'art, d'ameublement et de décoration anciens. *Un, une antiquaire.*

*© Petit Robert de la langue française 2009.*

a. D'où provient cet extrait ?
❑ roman ❑ dictionnaire ❑ manuel
❑ lettre

b. Quels mots peuvent se regrouper par leur origine ?
❑ antipyrine, antiquaire
❑ antiquaille, antiquaire
❑ antipyrine, antiquaille

## Je retiens

### Le préfixe

► Exercices 1, 3, 4

Il modifie le sens du radical sans modifier la classe grammaticale du mot.

| Préfixe | Sens de l'élément | Exemples |
|---|---|---|
| re-, ré-, r- | à nouveau | *réunir, revivre* |
| a-, dé-, im-, in-, il-, ir-, mé(s)- | contraire | *dévisser, incolore* |
| extra-, hyper-, super- sur- | degré supérieur | *hypertrophie, surcharge* |
| hypo-, infra-, sous- | degré inférieur | *infrason, sous-chef* |
| em-, en-, im-, in-, sur- | dans/sur | *emmagasiner, surnager* |
| ante-, pré- | avant/devant | *antécédent, prévoir* |
| post-, sou(s)- | après/sous | *postnatal, soucoupe* |

### Le suffixe

► Exercices 2, 4, 5

Il modifie le sens et souvent la classe grammaticale du radical.

| Modifications de classe | Mot d'origine | Suffixe et son sens | Exemples |
|---|---|---|---|
| adjectif → nom | beau | -té, -tié : qualité | *beauté, amitié* |
| verbe → nom | conter, animer | -(t)eur/-(t)euse, -trice : personne | *conteur, animatrice* |
| verbe → nom | laver, écrire | -age, -ion, -ure : action | *lavage, écriture* |
| nom → adjectif | Amérique, France | -ain, -ais : origine | *américain, français* |
| adjectif → adverbe | manuel | -ment : manière | *manuellement* |
| adjectif ou nom → verbe | bleu, vitre | -ifier, -ir : transformer en | *bleuir, vitrifier* |

### Identifier une famille de mots

► Exercices 4, 5

- Quand plusieurs mots ont la même origine, ils sont de la **même famille** : ils se rapportent à une idée commune et ont souvent des lettres communes.
  Ex. : *-mani- (la main) >* ***mani****er,* ***mani****velle,* ***mani****puler.*
- Une famille peut compter des mots construits à partir de **radicaux différents**.
  Ex. : *-man- > quadru****man****e ; manu- >* ***manu****el ; main- >* ***main****tenir.*

## Je m'exerce

**1 Classe les mots suivants selon le sens de leur préfixe.**

Amoral – défaire – extraordinaire – hyperactif – invalide – mécontent – supermarché – surhomme.

Contraire : ..............................................................

Supériorité : ..............................................................

✪ **2 Avec le suffixe *-eur*, forme six noms de métiers associés à des verbes de ton choix.**

Ex. : *jouer → joueur(se)*

..........................................................................................................

..........................................................................................................

✪ **3 Forme avec les préfixes *ad-*, *com-*, *dé-*, *per-*, *pro-*, *re(m)-*, *sou-*, *trans-* autant de verbes que possible à partir de :** mettre – prendre – placer.

..........................................................................................................

..........................................................................................................

✪✪ **4 Décompose et analyse les mots de la famille de « fleur » du tableau.**

| | Préfixe | Radical | Suffixe | Classe grammaticale |
|---|---|---|---|---|
| défleuri | | | | |
| fleuriste | | | | |
| floraison | | | | |
| floral | | | | |
| refleurir | | | | |

✪✪✪ **5 Lis cet extrait.**

*Rémus, Romulus et leurs amis s'affrontent lors de la fondation de Rome.*

« Laissez-nous en paix, laissez-nous travailler ! »

« Nous ne vous laissons pas travailler ? Au contraire, nous vous aidons ! Voyez comme votre travail est important ! » [...]

Les travailleurs, alors, se mirent en colère, et une bagarre terrible s'engagea. [...] Les bêches et les pioches se mirent à s'abattre sur ceux qui sautaient et se moquaient. Les hommes [...] s'assaillirent férocement, se jetèrent à terre, l'un sur l'autre, pour se battre et se venger.

**L. Orvieto**, *Contes et légendes de la naissance de Rome*, © Éditions Nathan, 1976.

a. **Relève les mots de la famille de « travail ». Décompose-les en utilisant des tirets. Indique entre parenthèses leur classe grammaticale.**

..........................................................................................................

b. **Souligne dans le texte un mot de la famille de « se battre ». Cherche d'autres mots de la même famille.**

..........................................................................................................

## 6 *Écriture*

**Utilise un préfixe ou un suffixe pour modifier le mot en gras selon la parenthèse.**

Ex. : *Je **fais** refais des plantations. (action répétée)*

1. J'aime écouter les **cloches** .......................... (objet plus petit)
2. Je suis très **heureux** .......................... (qualité contraire)
3. Le professeur **estime** .......................... ce jeune élève. (action excessive)
4. Ce que tu as fait est totalement **légal** .......................... (qualité contraire)
5. Pour les sports d'hiver, tu étais **équipé** .......................... (qualité inférieure)

# 44 Les racines grecques et latines

*Je comprends les mots de la grammaire*

Le mot « dictionnaire », comme le mot « dictée », a pour racine le verbe latin *dicere* (= dire).

## Je découvre

Le mot « dinosaure », qui signifie « lézard terrible » en grec, fut employé pour la première fois en 1841 par le Dr Richard Owen. Ce mot de « terrible » lézard convient parfaitement aux dinosaures carnivores comme le cératosaure, l'allosaure et surtout le tyrannosaure.

**G. Leprince**, *Je connais Les dinosaures*, © Belfond Jeunesse, 1989.

a. L'inventeur du mot « dinosaure » est un :
❏ chasseur ❏ explorateur ❏ savant

b. La terminaison « saure » des quatre mots soulignés montre que ces animaux sont :
❏ des acariens ❏ des batraciens ❏ des sauriens

c. Le tyrannosaure est carnivore. Explique.

.................................................................

## Je retiens

Les vocabulaires scientifique et technique utilisent des *mots composés* construits à partir d'éléments grecs ou latins.

### Les préfixes et radicaux grecs

► Exercices 1, 2, 4, 6

| grec | sens | a donné en français | grec | sens | a donné en français |
|---|---|---|---|---|---|
| ant(i)- | contre | *anti-choc, antonyme* | -metr- | mesure | *chronomètre, métronome* |
| auto- | soi-même | *automobile, autonomie* | mono- | un seul | *monologue, monothéiste* |
| bio- | vie | *biographie, biologie* | -morph- | forme | *métamorphose, morphologie* |
| -chron(o)- | temps | *chronologie* | -onyme | nom | *anonyme, synonyme* |
| géo- | terre | *géographie, géométrie* | ortho- | droit | *orthogonal, orthographe* |
| -graph- | écrire | *paragraphe, graphique* | -phil- | aimer | *cinéphile, philosophe* |
| homo- | même | *homonyme, homophone* | -phon- | voix | *phonétique, téléphone* |
| -hydr- | eau | *se déshydrater* | -phob- | peur | *arachnophobe, phobie* |
| kiné/ciné- | mouvement | *kinésithérapeute, cinéma* | poly- | plusieurs | *polygone, polyvalent* |
| -log- | discours | *dialogue, étymologie* | -th(é)- | dieu | *enthousiasme, polythéisme* |

### Les préfixes et radicaux latins

► Exercices 3, 5

| latin | sens | a donné en français | latin | sens | a donné en français |
|---|---|---|---|---|---|
| ad- (ac/af/ap...) | vers, à côté | *accoster, adopter, affronter* | -leg- (lec/lig) | cueillir, choisir, lire | *légende, leçon, intelligent* |
| con-(col/com/cor) | avec | *collège, compère, condisciple* | -jug- (jonc) | lier | *conjonction, conjugaison* |
| di- (dif/dis) | séparation | *différent, disperser, divers* | omni- | tout | *omnibus, omniscient* |
| -dic- | dire | *dictée, indicateur* | -ordin- | ordre | *ordinaire, ordinal* |
| -dom- | maison | *domestique, majordome* | -par- | égal | *pair, pareil, parité* |
| -duc- (dui) | conduire | *duc, éducation, séduire* | pré- | avant, devant | *précéder, préfixe, prévoir* |
| e(x)- | hors de | *émigrer, exclamation* | -spect- | regarder | *inspecter, spectacle* |
| -fac- (fec/fic) | faire | *facile, infect, difficile* | sub- (suc/suf/sup) | proche, sous | *subordonnée, suffixe* |
| -hom- | humain | *bonhomme, homicide* | -terr(a)- | terre | *Méditerranée, territoire* |
| in- (im) | dans, sur | *immigrer, imposer* | terr(or) | peur | *terreur, terroriser* |
| in- (il/im/ir) | négatif | *illégal, impair, injuste, irréel* | -voc- | appeler, voix | *invoquer, vocabulaire* |

**Remarque :** Les préfixes sont suivis d'un tiret, les radicaux sont encadrés par des tirets.

## Je m'exerce

**1** a. **Entoure l'intrus parmi les noms suivants. Explique ton choix.**

Automobile – autonettoyant – autonomie – automne - autoportrait – autopsie.

.................................................................

b. **Trouve au moins un autre mot qui mélange *auto-* avec un élément français comme dans *auto*portrait.** .................................

**2** **Associe chaque mot à sa signification en t'aidant du tableau.**

| | |
|---|---|
| biologie • | • étude d'une religion |
| géologie • | • étude des sons prononcés |
| hydrologie • | • étude des êtres vivants |
| métrologie • | • étude des poids et mesures |
| phonologie • | • étude de la circulation des eaux |
| théologie • | • étude de la terre et de ses éléments |

**3** a. **Que signifie le mot « conjonction » ?** ❑ lier ensemble ❑ séparer de

b. **Que signifie le radical des mots « coordination » et « subordination » ?** ........................

c. **Quel nom très courant aujourd'hui est formé sur le radical de « coordination » ?**

........................................................................................................................

**4** **Le radical grec *-graph-* est un radical très productif.**

a. **Explique le sens de « orthographe » d'après ses deux éléments.** ........................

b. **De quoi parle le « graphologue » ?** ........................................................

c. **Que fait « l'infographiste » ?** ........................................................

**5** **À l'aide des préfixes latins, trouve six verbes formés sur le radical latin -pos- (poser).**

........................................................................................................................

**6** **Lis ce texte explicatif.**

Pline[1] emploie le nom *hippocampus*, emprunté au grec *hippokampos*, où l'on reconnaît *hippos* « cheval » et *-kampos*, dont l'origine est moins claire. On pourrait rapprocher cet élément du verbe *kamptein* « courber » et de *kampê* « chenille » en remarquant que la queue de l'hippocampe se courbe et s'enroule autour des algues.

1. auteur latin d'une encyclopédie.

**H. Walter, P. Avenas**, *La Fabuleuse histoire du nom des poissons*, © Robert Laffont, 2011.

a. **Quelles sont les deux langues par lesquelles est passé le mot « hippocampe » avant le français ?** ........................

b. **Donne trois mots français qui commencent par le radical grec *hipp-*. Aide-toi d'un dictionnaire.** ........................

c. **Quel prénom d'origine grecque signifie « celui qui aime les chevaux » ? Aide-toi du premier tableau.** ........................ .

**7** *Écriture*

a. **Entoure dans chaque phrase le mot latin ou grec qui est l'intrus.**

1. Un cinéphile arachnophobe dialoguait au téléphone en inspectant son chronomètre.
2. Un facteur terrorisé par le conducteur d'un omnibus se terrait au domicile d'un philosophe.

b. **Rédige un petit texte amusant en utilisant des mots trouvés dans les phrases 1. et 2.**

........................................................................................................................

........................................................................................................................

........................................................................................................................

# 45 Le sens propre et le sens figuré

*Je comprends les mots de la grammaire*

Le « sens propre » est le sens d'origine d'un mot ; le « sens figuré » est un déplacement de sens : le sens propre est défiguré.

## *Ce que je sais déjà*

Cet enfant, toujours dans la lune,
s'y trouve bien, s'y trouve heureux.
Pourquoi le déranger ? La lune
est un endroit d'où l'on voit mieux.

**C. Roy**, *Enfantasques*, « L'enfant qui est dans la lune », © Éditions Gallimard, 1974.

a. L'enfant est-il *dans* ou *sur* la lune ? ..........

b. Explique la différence des deux expressions.
Sur la lune : ..........
Dans la lune : ..........

c. Que signifie « être dans la lune » ?
❑ être un astronaute ❑ être un rêveur

## *Je retiens*

### Le sens propre

► Exercice 3

Tous les mots ont un **sens propre** : c'est le **sens premier**, celui que donne d'abord le dictionnaire.
Ex. : *Le mot « Lune » désigne d'abord le satellite de la Terre.*

### Le sens figuré

► Exercices 1 à 5

- Certains peuvent aussi avoir un **sens figuré**. Ce sens second est souvent imagé.
  Ex. : *Être dans la lune.*
- De nombreuses expressions s'utilisent seulement au sens figuré.
  Ex. : *Avoir un poil dans la main, monter sur ses grands chevaux…*

## *Je m'exerce*

**1 Quel est le sens figuré de ces expressions animales ?**

1. Il y a des moutons sous mon lit. ..........
2. Son visage est marqué par des pattes d'oie. ..........
3. Le roi a présenté le dauphin à la cour. ..........
4. C'est le dindon de la farce. ..........
5. Sa carte bancaire est une carte à puce. ..........
6. Elle a cliqué sur l'écran avec la souris. ..........

**2 Les mots en gras sont-ils au sens propre ou figuré ? Coche la bonne case puis remplis l'autre case en inventant une phrase qui propose un autre emploi du mot.**

| | Sens propre | Sens figuré |
|---|---|---|
| Il **dévore** son livre. | | |
| J'ai mal à la **tête**. | | |
| Ils ont trouvé un **chat**. | | |
| Mêle-toi de tes **ognons**. | | |
| Les coups **pleuvent**. | | |
| Il **boit** ses paroles. | | |
| Elle **prend** la mouche. | | |

**3** Voici un extrait de l'article « lune ».

a. **Quelle abréviation signifie « figuré » ?**

..........

b. **Recopie une expression où « lune » a le sens d'« impossible ».**

..........

c. **Recopie une expression où « lune » peut être remplacé par « nuages ».**

..........

LUNE [lyn] n. f. – 1080 ; latin *luna*.
1• Satellite de la Terre, recevant sa lumière du Soleil ; **son aspect vu** d'un point de la terre. *Le disque de la lune. Pleine lune,* ***nouvelle lune.*** *Croissant de (la) lune. Le clair de lune. « Au clair de la* ***lune », chanson*** *enfantine. Nuit sans lune,* sans clair de lune. – *Face de lune* : **visage rond.** *Le « visage en pleine lune »* (Courteline). LOC. FIG. *Être* ***dans la lune,*** **très** distrait, hors de la réalité (cf. Être dans les nuages*). *Tomber* ***de la lune*** : éprouver une vive surprise (cf. Tomber des nues*). *«* ***Avec son air de*** *toujours tomber de la lune »* (Dorgelès). *Demander, promettre* ***la lune,*** l'impossible. *Décrocher la lune* : obtenir l'impossible. ***Chien qui aboie à*** *la lune.* FAM. *Con comme la lune* : très stupide. [...]

*© Petit Robert de la langue française 2009.*

**4** **Associe chaque partie du corps à deux mots pour former deux expressions figurées. Écris-les.**

| | | |
|---|---|---|
| | • biche | .......... |
| Bras • | • bœuf | .......... |
| | • cuillère | .......... |
| Dos • | • fer | .......... |
| | • livre | .......... |
| Langue • | • mer | .......... |
| | • nez | .......... |
| Œil • | • perdrix | .......... |
| | • terre | .......... |
| Pied • | • vipère | .......... |

**5** **Entoure la bonne définition de l'expression figurée.**

1. Le **bruit court** qu'il a disparu. — C'est : une course – une rumeur – un raccourci.
2. La rivière **sort de son lit**. — Elle : se réveille – déborde – quitte le pays.
3. Son affaire **bat de l'aile**. — Elle : a chaud – s'envole – ne va pas bien.
4. On lui **a fait une crasse**. — On l'a : nettoyé – mal traité – maltraité.
5. Le voleur **prend les jambes à son cou**. — Il : se dépêche – tombe par terre – bouscule quelqu'un.

## 6 Écriture

**Cherche le sens des expressions figurées suivantes. Puis rédige sur une feuille un petit conte qui imagine l'origine de l'une d'elles.**

1. « Jeter l'argent par les fenêtres » : ..........
2. « Tomber des nues » : ..........
3. « Déplacer des montagnes » : ..........
4. « Décrocher la lune » : ..........
5. « Battre la campagne » : ..........
6. « Couper les cheveux en quatre » : ..........
7. « Tirer des plans sur la comète » : ..........
8. « Bâtir sur du sable » : ..........

# 46 Les synonymes et les antonymes

*Je comprends les mots de la grammaire*

« Antonyme » vient du grec : « ant- » (=contre) et « -onyme » (= nom). Un antonyme dit le contraire, l'opposé.

## Ce que je sais déjà

**Le lièvre variable**

Le Lièvre <u>dort</u> les yeux ouverts
En faisant claquer ses mâchoires
ça lui fait **trembler** les oreilles
et sans arrêt il se réveille [...]

**J. Roubaud**, *Les Animaux de personne*,
© Seghers jeunesse, 2004.

a. Entoure dans le texte le contraire du verbe souligné. ..........

b. Quel verbe pourrait remplacer le mot en gras ?
❑ frémir ❑ plier ❑ tourner

c. Comment s'appelle un mot de sens proche ?
❑ un anonyme ❑ un homonyme
❑ un pseudonyme ❑ un synonyme

## Je retiens

### Changer un mot par un autre

On peut changer un mot par un autre :
– de sens équivalent : c'est un synonyme ;
– de sens contraire : c'est un antonyme.
Ces mots doivent être de la même classe grammaticale.

### Les synonymes

► Exercices 1, 2, 3, 4, 5

- Les **synonymes** sont des mots de **sens proche**, mais il existe toujours une légère différence entre deux synonymes, une nuance de sens.
  Ex. : *Similaire, équivalent, ressemblant, pareil,* sont des synonymes de *semblable*.
- Les synonymes s'utilisent pour les **reprises nominales**, comme les mots génériques (mots de sens plus général) ou les périphrases.
  Ex. : *Julien est un* ***collégien*** *sérieux. Cet* ***élève*** *apprend ses leçons.*
  collégien = élève

### Les antonymes

► Exercices 2, 3, 4, 6

Les **antonymes** sont des mots de **sens contraire**. Ils expriment l'inverse, l'opposé, mais il existe aussi des nuances entre deux antonymes.
Ex. : *Identique* est l'antonyme de *contraire, opposé* ou *inverse*.

## Je m'exerce

**1** **Parmi les synonymes du verbe « inventer » :** imaginer – découvrir – concevoir – fabriquer – mentir – trouver – créer, **lesquels peuvent le remplacer dans la phrase suivante : « Un poète est celui qui invente des poèmes » ?** ..........

**2** **Lis avec attention cet article de dictionnaire.**

a. **Combien le mot « successeur » a-t-il de définitions ?**
❑ 1 ❑ 2 ❑ 3

b. **Les synonymes sont indiqués par une petite flèche. Recopie-les.**
..........

c. **Quelle abréviation indique les deux antonymes ?** ..........

SUCCESSEUR [syksesœʀ] n. m. – 1380 ; *successur* 1174 ; LAT. *successor*, de *succedere* → succéder **1•** Personne qui succède ou doit succéder (à qqn). ⇒ **continuateur, remplaçant.** *Le successeur d'un chef d'État, d'un roi.* ⇒ 2. **dauphin.** *Elle sera bientôt son successeur. Désigner, nommer son successeur.* PAR EXT. *Le capitaine « passa les consignes à son successeur »* (Mac Orlan). – Personne qui continue l'œuvre de. ⇒ **continuateur, épigone.** *Il passait « pour un grand naturaliste, pour le successeur de Buffon »* (Balzac). *Être le digne successeur de...* **2•** DR. Personne appelée à recueillir une succession. *Héritiers et successeurs irréguliers.* – Personne qui prend la place d'une autre dans un commerce, une fonction. ◊ CONTR. Devancier, prédécesseur.

*© Petit Robert de la langue française 2009.*

**3** **Lis cet extrait de fable.**

*L'Aigle a promis au Hibou d'épargner ses petits et lui a demandé un moyen pour les reconnaitre.*

Le Hibou repartit[1] : « Mes petits sont **mignons**,
Beaux, bien faits, et jolis [...].
Vous les reconnaîtrez sans peine » [...]
Notre Aigle aperçut [...]
De petits monstres fort hideux,
Rechignés[2], un air triste, une voix de mégère[3].
« Ces enfants ne sont pas, dit l'Aigle, à notre ami,
Croquons-les. »

1. répondit. – 2. maussades, tristes. – 3. voix désagréable

**La Fontaine**, *Fables*, « L'Aigle et le Hibou », V, VIII.

a. **Souligne dans le texte les synonymes du mot en gras. Propose deux synonymes qui ont un sens plus fort.** ..........

b. **Trouve, dans le texte, l'antonyme du mot en gras et recopie-le.** ..........

c. **Propose des synonymes à l'expression « Croquons-les ».**

..........

**4** **Voici une liste de mots :** parler – interroger – questionner – préciser – répondre – demander – s'exclamer.

a. **Quel est leur point commun ?** ..........

b. **Entoure dans la liste les mots qui sont synonymes. Quel est leur point commun ?**

..........

c. **Quel mot de la liste est leur antonyme ?** ..........

**5** **Entoure l'intrus de chaque liste de synonymes.**

1. apaisant – épuisant – fatigant – harassant – lassant.
2. énorme – gigantesque – immense – médiocre – monumental.
3. coriace – élastique – flasque – mou – souple.

**6** **Écris les phrases contraires en changeant tous les éléments (sujet, verbe...), puis invente un exemple personnel.**

1. Mon père arrive en colère. ..........
2. Ils chuchotent discrètement. ..........
3. Le froid transit. ..........
4. ..........

**7** *Énigme*

**Trouve l'antonyme (A) ou le synonyme (S) du mot souligné, puis le texte de la chanson.**

À la sombre (A) source (S) ..........
Partant (S) flâner (S) ..........
J'ai jugé (S) l'onde (S) si affreuse (A) ..........
Que je m'y suis trempée. (S) ..........

# 47 Les différents niveaux de langue

*Je comprends les mots de la grammaire*

*L'argot* est un langage familier commun à un groupe. Pour les élèves le « bahut » désigne le collège.

## *Ce que je sais déjà*

LE PROFESSEUR – Voulez-vous me dire quelle est la signification du mot *chou* ?
LA JEUNE ÉLÈVE – […] adjectif : **aimable, complaisant, gentil.**
LE PROFESSEUR – Exemple :
LA JEUNE ÉLÈVE – Soyez *chou*, emmenez Lolotte en *teuf-teuf*.
LE PROFESSEUR, *quêtant une réponse dans l'assistance* – Traduction ?
UN ÉLÈVE – Soyez assez aimable pour inviter Charlotte à faire une promenade en automobile.

**J. Tardieu**, *La Comédie du langage*,
« Ce que parler veut dire », © Éditions Gallimard, 1966.

a. Le mot « chou » est-il employé au sens propre ou au sens figuré ?

.................................................................

b. Quel est le synonyme soutenu de « teuf-teuf » à la dernière ligne ?

.................................................................

## *Je retiens*

La langue française est souvent différente à l'oral et à l'écrit. Elle varie aussi selon les personnes à qui l'on s'adresse.

### ■ Le langage familier

► Exercices 1 à 5

- Le **langage familier** est surtout **oral** ; à l'écrit, il est réservé aux proches.
- Les phrases : – comportent des répétitions, des mises en relief ;
  – ne respectent pas l'inversion du sujet pour les questions ;
  – suppriment le premier terme d'une négation.
- Le lexique est familier, populaire ou argotique. « On » remplace souvent « nous ».
  Ex. : *On l'emmène pas dans notre tire, Lolotte ?*

### ■ Le langage courant

► Exercices 1, 3

- Le **langage courant** s'emploie à l'oral et à l'écrit **dans le quotidien**.
- La phrase a une construction classique (sujet, verbe, complément).
- On utilise « est-ce que » pour une question.
- Le lexique est usuel, quotidien.
  Ex. : *Est-ce que nous emmenons Charlotte en voiture ?*

### ■ Le langage soutenu

► Exercices 1, 3, 4, 5

- Le **langage soutenu** s'emploie :
  – à l'oral, pour montrer une forme de **respect** ;
  – à l'écrit, pour un document officiel. Il caractérise souvent un **texte littéraire**.
- La construction des phrases est parfois complexe.
- On utilise l'inversion du sujet pour une question.
- Le lexique est varié et précis.
  Ex. : *Invitons-nous Charlotte à monter dans notre véhicule ?*

## *Je m'exerce*

**1 Cherche ces abréviations du dictionnaire. Entoure celle utilisée pour le langage soutenu.**

POP. : .................................... ARG. : .................................... LITT. : ....................................

FAM. : .................................... VX. : .................................... COUR. : ....................................

**2 Lis cet extrait de pièce de théâtre.**

*Deux clients d'un bistrot discutent avec le patron.*

BERNARD, *se marrant.* – Tiens, patron, tu t'es mis une machine à sous ? [...]

LE PATRON. – Rigolez, rigolez. Les vrais clients, y-z-**aiment** ça, eux...

PAULO. – Ben, et nous, on n'est pas des clients, nous, alors ?

**H. Le Tellier**, *Scènes en six répliques*, « Au Bistrot », Bibliothèque oulipienne n° 123, 2003.

a. **Quel est le niveau de langue utilisé par les personnages ici ? Justifie ta réponse.**

.....................................................................................................

.....................................................................................................

b. **Quel est le sujet de « aiment » ? Explique l'orthographe de « y-z-aiment ça » ?**

.....................................................................................................

**3 Les verbes suivants sont synonymes trois par trois avec des niveaux de langue différents :** avoir mal – avoir peur – avoir la trouille – bosser – déguster – œuvrer – redouter – se casser – s'éclipser – s'en aller – souffrir – travailler. **Place-les dans le tableau.**

| Niveau de langue courant | Niveau de langue familier | Niveau de langue soutenu |
|---|---|---|
| | | |
| | | |
| | | |
| | | |

**4** a. **Indique le niveau de langue de chaque colonne du tableau.**

| Niveau de langue ............................ | Niveau de langue ............................ |
|---|---|
| Bah ! J'aime pas ! | Sincèrement, je n'aime pas. |
| T'aimes ça ? | Aimes-tu cela ? |
| Où qu'on va becqueter ? | Où allons-nous déjeuner ? |

b. **Quels indices te permettent d'identifier le niveau de langue de la colonne de gauche.**

.....................................................................................................

.....................................................................................................

.....................................................................................................

**5 Relie entre elles ces répliques synonymes.**

VALÈRE : Pourquoi, Monsieur, nous obligez-vous à cette violence ? •

VALÈRE : Vous n'êtes point médecin ? •

VALÈRE : Je vous assure que j'en ai tous les regrets du monde. •

• LUCAS : V'n'êtes pas médecin ?

• LUCAS : Par ma figué[1] ! j'en suis fâché franchement.

• LUCAS : À quoi bon nous bailler[2] la peine de vous battre ?

1. juron patois qui signifie « Par ma foi ! ». 2. donner.

**Molière**, *Le Médecin malgré lui*, Acte I, sc. 5, 1666.

**6 *Écriture***

**Sur une feuille, écris un texte avec les mots courants de la liste, puis un texte de même sens avec les mots familiers.**

Un chat – un clébard – une maison – un minou – un chien – un garçon – un mec – une baraque.

# 48 Exprimer des émotions

*Je comprends les mots de la grammaire*

*Émouvoir* et *exprimer* viennent de racines latines signifiant « faire sortir ».

## Ce que je sais déjà

1. Le sultan s'aperçut que Schéhérazade était en pleurs.
2. Sindbad vit un oiseau aux ailes immenses et son étonnement fut à ses bornes extrêmes.
3. Le magicien, devant le refus d'Aladdin, entra dans une furie épouvantable.

d'après *Les Mille et Une Nuits*, trad. d'Antoine Galland.

a. Que ressent Schéhérazade ? Nomme cette émotion.

..........................................................................................

b. Que ressent Sindbad ? Quelle en est la cause ?

..........................................................................................

c. Quelle émotion éprouve le magicien devant le refus d'Aladdin ?

..........................................................................................

## Je retiens

### Qu'est-ce qu'une émotion ?

- Une **émotion** est une réaction forte, brève et incontrôlable. Elle est provoquée par quelque chose ou quelqu'un qui impressionne.
  Ex. : *Quand le sultan hurla de colère, les serviteurs sursautèrent.*
- Les principales émotions sont : *la peur, la joie, la colère, la tristesse, la honte, le plaisir, le dégout...*
  Ex. : *La sœur de Schéhérazade tremblait de peur chaque nuit.*

### Comment décrire une émotion ?

► Exercices 1 à 5

- On la montre par des **manifestations physiques** : *battements du cœur, pleurs...*
- On la traduit aussi par une **expression du visage**, un **comportement soudain** et un **ton de voix**.
  Ex. : *À l'arrivée du garde, son visage se crispa, elle recula et demanda d'un ton effrayé : « Maintenant ? »*

### Comment distinguer émotion et sentiment ?

À la différence de l'émotion, le **sentiment** s'exprime dans la durée : *amour, haine...*
Ex. : *Le prince éprouvait, depuis le début, **un secret amour** pour l'habile conteuse.*

## Je m'exerce

**1 Associie chaque émotion à une réaction physique possible.**

| | |
|---|---|
| Joie • | • rester bouche bée |
| Tristesse • | • avoir des sueurs froides |
| Surprise • | • avoir la nausée |
| Dégout • | • avoir la larme à l'œil |
| Colère • | • sourire aux anges |
| Peur • | • taper du pied |

**2 Réécris chaque phrase en précisant l'émotion de la voix.**

Ex. : *Le spectateur poussa un cri surpris. → Il poussa un cri de surprise.*

1. Le supporter poussait des hurlements joyeux. ..........................................
2. La victime poussait des hurlements désespérés. ..........................................
3. Le lion poussait des rugissements furieux. ..........................................
4. L'enfant poussait des hurlements terrorisés. ..........................................

**3 Classe dans le tableau suivant les adjectifs selon le type d'émotion visible sur le visage.**

Adjectifs : blême – bouleversé – décomposé – impassible – inexpressif – pâle – rayonnant – serein

Ex. : *La tristesse se lisait sur son visage* défait.

| Émotion positive | Émotion négative | Absence d'émotion |
| --- | --- | --- |
| | | |

**4 Complète chaque phrase avec un adjectif. Chacune des interjections correspond à l'une des émotions suivantes :** le courroux – la déception – le dégout – l'étonnement – la joie.

1. Beurk ! fit-il avec une moue ..........
2. Diable ! dit-il avec une mine ..........
3. Bon sang ! grogna-t-il d'un ton ..........
4. Zut ! lâcha-t-elle d'un air ..........
5. La ! La ! La ! chantonna-t-elle d'une voix ..........

**5 Lis cet extrait.**

*Les passagers du navire viennent d'allumer un feu.*

Et, au même moment, nous vîmes apparaître à l'avant du navire le capitaine qui, d'une voix terrible et avec des gestes effrayants, nous cria : « Ô passagers, sauvez-vous ! Hâtez-vous ! Remontez vite à bord ! [...] Courez vite ! Car l'île sur laquelle vous vous trouvez n'est point une île. C'est une baleine gigantesque ! »

*Contes des Mille et Une Nuits*, « Histoire de Sindbad le marin », trad. de J.-Ch. Marchus.

a. **Quelle émotion est évoquée par les deux adjectifs soulignés ?** ..........

b. **Quel type de phrases du texte exprime cette même émotion ?**

..........

**Recopie un exemple :** ..........

c. **Choisis un verbe dans la liste suivante et invente une phrase qui s'ajoute aux paroles du capitaine.**

**Verbes :** arrêter – bondir – fuir – frissonner – ralentir.

..........

## 6 Énigme

a. **Trouve les deux synonymes qui désignent le même trait de caractère chez un des sept nains et chez un des Schtroumpfs.**

Le nain s'appelle G _ _ _ _ _ _ _ x et le Schtroumpf est g _ _ _ _ _ n.

b. **Définis avec tes propres mots ce trait de caractère.**

..........

# 49 Faire vivre un personnage

*Je comprends les mots de la grammaire*

Un *protagoniste* est un héros de récit. C'était autrefois le principal personnage d'une pièce grecque antique.

## Ce que je sais déjà

1. Dévorée de curiosité, elle traversa le champ en courant à sa poursuite.
2. « Dans cette direction-ci », dit le Chat en faisant un geste de sa patte droite.
3. « Qu'on lui coupe la tête ! » hurla la reine de toutes ses forces. Personne ne bougea.

**Lewis Carroll**, *Les Aventures d'Alice au pays des merveilles*, 1865, trad. de J. Papy, © Pauvert/librairie Arthème Fayard, 1961, 2000.

Associe par deux les mots suivants à la phrase qui convient : course – curiosité – désignation – immobilité – information – peur

Phrase 1 : ..................................................

Phrase 2 : ..................................................

Phrase 3 : ..................................................

## Je retiens

### Définir l'attitude d'un personnage

- L'**attitude** de chaque personnage est une **indication physique** de son caractère ou de son état. Pour rendre un récit vivant, il convient de montrer que le personnage change d'attitude selon les circonstances.
  Ex. : *Les cartes se prosternent à l'arrivée de la reine.* ► Exercice 1
- Le personnage peut être décrit dans une position statique : *debout, assis, allongé*....
  Ex. : *Alice est assise à la table du Chapelier.* ► Exercices 2, 3
- Il peut changer de posture sans changer de lieu : *s'assoir, se relever, s'effondrer*...
  Ex. : *Alice s'assoit à la table du Chapelier.* ► Exercice 2

### Décrire les mouvements d'un personnage

- Il peut se déplacer d'un lieu à un autre (*entrer, sortir*...), plus ou moins vite (*ralentir, accélérer*...), et de différentes manières (*nager, sauter*...). Le narrateur précise le lieu en utilisant un CCL.
  Ex. : *Alice se glisse sous les racines de l'arbre.* ► Exercices 2, 4
- Pour décrire les mouvements d'un animal ou d'un être extraordinaire, on utilise un vocabulaire particulier. ► Exercice 5
  Ex. : *Le loup se tapit derrière un fourré pour observer le Chaperon rouge.*

### Mettre en scène un personnage de théâtre

Au **théâtre**, les **didascalies** permettent aux comédiens d'adopter les attitudes choisies par l'auteur.
Ex. : *Angélique **faisant semblant de se frapper**.* (**Molière**, *La Jalousie du Barbouillé*, sc. 11.)

## Je m'exerce

**1 Associe chaque verbe d'action à une partie du corps**

| | | | |
|---|---|---|---|
| pincer • | • la tête | croiser • | • l'échine |
| bomber • | • les yeux | plier • | • le dos |
| hausser • | • les lèvres | cambrer • | • la main |
| écarquiller • | • les épaules | courber • | • les bras |
| hocher • | • le torse | tendre • | • les genoux |

**2 Lis cette adaptation du début d'*Alice au pays des merveilles*.**

Alice est allongée sous un arbre, elle sommeille. Un craquement la fait se dresser sur son séant. Un lapin blanc passe devant elle à toute vitesse. Chose étrange, il tire de sa poche une montre et se met à accélérer. « Il est en retard », se dit Alice. Soudain, il s'accroupit et s'engouffre entre les racines d'un chêne. Alice se lève, s'agenouille auprès de l'arbre et penche la tête vers le trou obscur où le lapin a disparu.

D'après **Lewis Carroll**, *Alice au pays des merveilles*, 1865.

a. **Relève les quatre positions successives d'Alice dans ce texte.**

........................................................................................................

........................................................................................................

b. **Relève deux verbes de déplacement du lapin blanc.** ........................................

c. **Donne l'antonyme du verbe souligné.** ........................................

**3 Classe dans le tableau les mots et expressions suivants en fonction de la position évoquée.**
à croupetons – à plat ventre – à quatre pattes – agenouillé – alité – allongé – assis – couché – debout – dressé – droit – en pied – étendu – gisant – sur la pointe des pieds – sur ses jambes – sur ses talons

| Position verticale | Position horizontale | Position fléchie |
|---|---|---|
| | | |

**4** a. **Remplace le verbe souligné par un des synonymes suivants :** chanceler – culbuter – glisser – tomber – trébucher.

À cause du croc-en-jambe d'un plaisantin, le garde fait un faux pas. ........................................

Sous le coup de l'émotion, la reine vacille et se rattrape à son trône. ........................................

Le carrosse de Cendrillon manque de se renverser dans le fossé. ........................................

Le vilain petit canard dérape dans la boue. ........................................

Le Chat botté avait peur de choir du toit du château de l'ogre. ........................................

b. **Quelle est l'idée commune des verbes employés dans l'exercice 4a. ?**

........................................................................................................

**5** a. **Associe chaque personnage à sa façon de se déplacer.** (bond – course – marche – nage – reptation – vol)

1. L'ogre aux bottes de sept lieues ........................................
2. Les sirènes d'Homère ........................................
3. Le lapin blanc d'Alice ........................................
4. La Petite Sirène d'Andersen ........................................
5. Le serpent de la Bible ........................................
6. Le Petit Poucet et ses frères ........................................

b. **Complète la phrase suivante en utilisant le bon verbe.**

Le serpent r _ _ _ e dans le jardin d'Eden.

## 6 *Écriture*

**Sur feuille, décris l'agitation de l'ogre quand il découvre que le Petit Poucet l'a trompé. Tu peux employer les expressions :** gesticuler – lever les bras au ciel – se tordre les mains – faire les cent pas – taper du pied...

# 50 Raconter une métamorphose

*Je comprends les mots de la grammaire*

Le papillon subit une *métamorphose* en plusieurs étapes : œuf, chenille, chrysalide, puis insecte ailé.

## Ce que je sais déjà

La déesse [Vénus] elle-même alla chercher Hélène. Elle la trouva sur la haute tour. La foule des Troyennes se pressait autour d'elle. De sa main, elle saisit et tira la robe somptueuse et parfumée d'Hélène. Et, s'étant rendue semblable à une vieille femme [...] elle adressa la parole à Hélène.

**Homère**, *Iliade*, III, 383-389, trad. de M. Meunier.

a. De quoi Vénus est-elle la déesse ?

..........................................................................

b. En quoi Vénus s'est-elle métamorphosée ici ?

..........................................................................

## Je retiens

### Qu'est-ce qu'une métamorphose ?

► Exercice 1

- Une **métamorphose** est une **transformation physique**. Le mot vient du grec ancien : *méta-* (= changement) et *-morph-* (= forme).
- Il ne faut pas confondre la métamorphose avec l'évolution naturelle due à l'âge : *l'adolescence* ou *le vieillissement*.

### Décrire les étapes d'une métamorphose

► Exercices 2, 3, 4

- Elle peut être provoquée par le personnage qui **possède le pouvoir** de se transformer.
  Ex. : *L'ogre se transforme en souris devant le Chat botté.*
- Mais elle est surtout imposée par un être surnaturel qui **récompense** ou qui **punit**.
  Ex. : *Diane transforme Actéon en cerf pour le punir.*
- Le personnage se transforme progressivement en animal, végétal ou minéral.
  Ex. : *Le cruel Lycaon devient effectivement un loup.*
- La modification concerne la voix ou la taille ; même le corps disparait.
  Ex. : *Arachné rétrécit, Atlas grandit. La nymphe Écho se réduit à une simple voix.*
- La tête, puis toutes les parties du corps se transforment l'une après l'autre.
  Ex. : *Des bois poussent sur la tête d'Actéon, il se couvre de pelage...*

## Je m'exerce

**1** a. **Parmi les mots suivants, barre ceux qui ne décrivent pas le vieillissement physique.**

Chenu, grandir, grisonner, radoter, rajeunir, ride, se vouter.

b. **Dans cette liste, quel mot est synonyme de « aux cheveux blancs » ?**

..........................................................................

**2** **Lis cette métamorphose.**

Voilà que son corps se transforme. Ses traits s'altèrent. Son nez et sa bouche laissent place à un bec redoutable. Ses pupilles s'agrandissent. Sa chevelure évolue en un plumage sombre qui recouvre petit à petit sa nuque. Ses oreilles se rétractent et disparaissent. Son buste s'affine tandis qu'à ses mains et ses bras succède une paire d'ailes puissantes. Ses jambes se déforment en pattes nouvelles. Des griffes acérées rendent ses pieds méconnaissables.

d'après **Ovide**, *Les Métamorphoses*.

a. **Souligne les verbes qui évoquent un changement.**

b. **Relève les deux verbes de la famille de « forme ».** ..........................................................................

c. **Complète le tableau en indiquant comment se transforme chaque partie du corps.**

| Avant | Après |
|---|---|
| nez et bouche | |
| pupilles | |
| chevelure | |
| oreilles | |
| buste | |
| mains et bras | |
| jambes | |
| pieds | |

✪ 3 **Lis cet extrait.**

Jupiter <u>raccourcit</u> la durée du printemps et il divisa en quatre saisons le cours de l'année, l'hiver, l'été, le capricieux automne et le printemps <u>écourté</u>. […] C'est alors que, pour la première fois, les hommes se réfugièrent dans des demeures qui étaient des grottes.

**Ovide**, *Les Métamorphoses*, I, 116-121. © Y. Caron, Magnard pour la trad.

a. **À quoi Jupiter fait-il subir une métamorphose ?** ..........

b. **Quel est l'adjectif qui sert de radical aux deux mots soulignés ?** ..........

c. **Retrouve pour chaque verbe l'adjectif qui lui sert de radical.**

affaiblir : .......... éclaircir : .......... rallonger : ..........

alourdir : .......... élargir : .......... ralentir : ..........

assouplir : .......... enlaidir : .......... rapetisser : ..........

✪✪ 4 a. **Associe un synonyme de la liste à chacun des qualificatifs proposés.**

Immobilisé – inerte – paralysé – racorni – ralenti – rigide.

**arrêté** : .......... **desséché** : ..........

**engourdi** : .......... **freiné** : ..........

**immobile** : .......... **raide** : ..........

b. **Quel type de métamorphose les mots de la question précédente (4.a.) peuvent-ils illustrer ? Barre les réponses fausses.**

une fortification une humidification une momification une pétrification

c. **Quelle émotion est associée à cette métamorphose dans le langage courant ? Mets une croix pour la bonne réponse.**

❏ Colère ❏ Dégoût ❏ Honte ❏ Joie ❏ Surprise

d. **Quel personnage mythologique provoque ce type de métamorphose ?** ..........

## 5 *Écriture*

**Décris, en un court paragraphe, la métamorphose de la méchante reine en vieille femme avant sa rencontre avec Blanche-Neige.**

..........

..........

..........

..........

# 51 Les mots des religions antiques

*Je comprends les mots de la grammaire*

« Religion » vient d'une racine latine signifiant « relier ». La religion relie les hommes aux dieux.

## *Ce que je sais déjà*

*Énée vient de prier le dieu Apollon.*

J'avais à peine prononcé ces mots que tout semble trembler soudain, le parvis[1] et le laurier du dieu ; toute la montagne alentour est ébranlée[2] et dans le sanctuaire grand ouvert le trépied semble mugir. Nous nous inclinons vers la terre, et une voix frappe nos oreilles.

**Virgile**, *Enéide*, III, 90-93, trad. A.-M. Boxus et J. Poucet © BCS.

1. entrée du temple.
2. secouée.

a. Quel mot du texte est synonyme de « temple » ?

..............................

b. Quel mouvement montre la peur religieuse du héros ?

..............................

c. Comment se manifeste la puissance divine ?

..............................

..............................

## *Je retiens*

- Les Grecs et les Romains sont **polythéistes** (du grec *poly* = nombreux ; *theos* = dieu) : ils croient en de nombreux dieux.
- Pour montrer leur respect envers les dieux, ils font preuve de **piété** : ils leur rendent un **culte**, respectent des **rites** dans des lieux consacrés : *sanctuaires*, *temples*... ► Exercices 2, 3, 4, 5
- Dans les temples, des **statues** représentent les dieux, et près des **autels**, les **prêtres**, lors des fêtes nombreuses, conduisent des **processions**, font des **prières** et des **sacrifices**. Des **offrandes** et des **libations** doivent attirer la faveur des dieux. ► Exercice 1
- Pour une décision importante, ou lors d'un évènement extraordinaire (un *prodige*, un *rêve prémonitoire*), les Anciens interrogent les dieux : ils interprètent les signes (les *présages*) envoyés par les dieux. Ils consultent les **oracles** (paroles à interpréter), les **augures** regardent le vol des oiseaux (les *auspices*), les **haruspices** examinent les foies des animaux sacrifiés. ► Exercices 1, 7
- À la différence des Grecs et des Romains, les juifs, les chrétiens et les musulmans sont **monothéistes** (du grec *mono* = un seul ; *theos* = dieu) : ils croient en un dieu unique. ► Exercice 6

## *Je m'exerce*

**1** a. **Parmi les actions suivantes, entoure celle qui est provoquée par les dieux.**

Culte – fête – libation – offrande – piété – présage – prière – procession – sacrifice

b. **Écris une phrase de ton choix à l'aide de ce mot.**

..............................

**2** **Complète les phrases suivantes en utilisant les mots des deux familles latines proposées :**

**Famille de *sacer*** : consacrer – sacre – sacré – sacrifice – sacrilège – serment

**Famille de *votum*** : dévot – dévotion – vœu – vote

1. L'empereur .................. un temple à Junon avec des .................. d'animaux.
2. Laisser s'éteindre le feu .................. est un .................. pour les Vestales à Rome.
3. Le .................. est un homme pieux qui remplit ses devoirs religieux avec ..................
4. Par un .................., le sénat accomplit le .................. du général d'offrir un temple à Jupiter.
5. Lors du .................. de l'empereur, les soldats font le .................. de le servir.

**3** *Piété* **et** *pitié* **sont des « paronymes », des mots que l'on peut confondre.**

a. **Complète les phrases suivantes avec le mot qui convient.**

1. La personne qui respecte scrupuleusement les enseignements religieux fait preuve de ........................ .
2. La personne qui soulage avec bonté quelqu'un qui souffre fait preuve de ........................ .

b. **Barre les adjectifs qui ne conviennent pas.**

La personne qui fait preuve de *piété* est *pieuse – pileuse – piteuse – pitoyable.*

**4** **Retrouve le verbe de la même famille que l'action religieuse qui lui correspond.**

La bénédiction : ........................................ La prosternation : ........................................

La malédiction : ........................................ La supplication : ........................................

**5** **Associe les antonymes deux à deux.**

| | | | |
|---|---|---|---|
| béni • | • impie | croyant • | • irrespectueux |
| fidèle • | • pécheur | fervent • | • blasphémateur |
| pie • | • profane | louangeur • | • athée |
| sacré • | • infidèle | respectueux • | • indifférent |
| saint • | • maudit | favorable • | • funeste |

**6** **Parmi les mots suivants, entoure celui qui désigne une victime de persécution et souligne celui qui désigne un adorateur d'images divines.**

Fanatique – idolâtre – martyr – prosélyte – zélateur.

**7** **Lis cet extrait de dictionnaire mythologique.**

Le jour de la fête d'<u>inauguration</u> de la nouvelle ville, [Caeculus] invita les voisins qui étaient venus là à s'installer dans sa ville, et, pour les persuader, il demanda un prodige à son père Vulcain. Celui-ci envoya des flammes, qui entourèrent la foule, et s'éteignirent dès que Caeculus leur en donna l'ordre. Ce **miracle** fit la fortune de la ville, où les habitants vinrent s'établir en grand nombre, sous la protection du dieu et de son fils.

**P. Grimal**, *Dictionnaire de la mythologie grecque et romaine*, 74 a., © P.U.F., Paris, 1951.

a. **Quel est le rôle de ce héros ?**

❑ fondateur ❑ guerrier ❑ tueur de monstres ❑ voyageur

b. **Dans la leçon p. 106, trouve un mot de la famille du mot souligné.** ........................................

c. **Quel est, dans le texte, le synonyme du mot en gras ?** ........................................

d. **Vulcain est-il favorable à la création de la nouvelle ville ? Justifie ta réponse.**

..........................................................................................

**8** *Réécriture*

a. **Réécris cette phrase en remplaçant** ***Baucis*** **par le nom de son mari,** ***Philémon*****.**

Jupiter accepte que la pieuse Baucis soit sa prêtresse et la gardienne de son temple.

Jupiter accepte que ........................................ soit ........................................ et ........................................ de son temple.

b. **Remplace les mots soulignés par :** ***des suppliants, des marches*****. Respecte les accords.**

<u>Une foule</u> fervente et dévote se pressait au pied <u>des degrés</u> sacrés du temple.

..........................................................................................

# 52 Les mots pour parler du récit

*Je comprends les mots de la grammaire*

« Chronologie » signifie « déroulement de l'action » (du grec, « chrono- » = temps, « -logie » = discours).

## *Ce que je sais déjà*

Sa réputation de maître de la parole, de chanteur et de poète dépassa très vite son village d'adoption. C'est ainsi que les rois l'invitèrent dans leur palais pour de longues veillées de contes. [...]

*Je vous offre cette histoire, mettez-la dans votre à sac à paroles.*

**Souleymane Mbodj**, « Le Premier Griot », *Mille ans de contes* - Afrique, © Milan, 2010.

a. Pourquoi le personnage est-il invité par les rois ? Quel est son métier ?

.................................................................................

b. Qui prononce la phrase en italique ? ..............................

.................................................................................

c. Qu'est-ce que le « sac à paroles » selon toi ?

.................................................................................

## *Je retiens*

### Définir le récit

- Le **récit** est une **histoire**. Les premiers récits étaient de longs poèmes **récités** par cœur.
  Ex. : *L'Odyssée est le récit des voyages d'Ulysse.* ► Exercice 1
- **Conteurs**, **poètes**, **écrivains** ont besoin d'un public, les **auditeurs** ou les **lecteurs**. ► Exercice 1

### Les buts du récit

En général les récits cherchent à **plaire**, **émouvoir** et **enseigner**.
Ex. : *Les aventures d'Alice nous plaisent, nous émeuvent et nous mettent en garde.*

### Les personnages du récit

Le **personnage principal** (**héros** ou **héroïne**), est entouré de **personnages secondaires**.
Ex. : *Petit Poucet est le héros du conte.*
*L'ogre est un personnage secondaire.* ► Exercice 2

### Le déroulement du récit

Un récit respecte un **ordre chronologique** : au début de l'histoire, quelque chose oblige le personnage à agir, il vit ensuite diverses aventures (les *péripéties*). À la fin, le personnage obtient ou non ce qu'il cherchait. ► Exercices 3, 4, 5
Ex. : *Dans le conte « Le Petit Poucet », le héros et ses frères traversent plusieurs épreuves avant de retrouver leurs parents.*

Attention ! Le récit ne respecte pas toujours l'ordre chronologique : il peut faire des retours en arrière. Ex. : *le récit d'Ulysse.*

## *Je m'exerce*

**1 Complète les phrases avec les noms qui conviennent.**

Conte – conteur – épopée – fable – fabuliste – mythe – récit – traducteur – traduction.

1. Une .............................. met souvent en scène des animaux avec des défauts humains, dans un texte en vers ou en prose écrit par un .............................. .
2. Un .............................. explique l'origine du monde, de la nature, des dieux ou des hommes.
3. Un .............................. est une histoire qui met en scène des personnages.
4. Une .............................. est un texte écrit par un .............................. dans une autre langue que celle de l'auteur.
5. Dans une .............................., le héros réalise des exploits en montrant son courage ou sa valeur.
6. Dans un .............................., souvent oral avant d'être écrit par un .............................., le personnage principal a des aventures merveilleuses qui donnent parfois des leçons de sagesse aux enfants.

 

**2** **Classe les personnages selon le récit où on les trouve.**
Déesse – dieu – fée – héros – magicien – monstre – nymphe – prince – reine – sorcière.

| Mythe antique | Conte traditionnel |
|---|---|
| | |

**3** **Trouve un intrus dans chaque série et précise si c'est un ami ou un ennemi du héros.**

1. marâtre, marraine, ogre, sœur jalouse, sorcière. ........................................
2. bourreau, brigand, génie, pirate, voleur. ........................................
3. compagnon d'armes, devin, éclaireur, prince, traitre. ........................................

**4** **Classe trois types de péripéties par colonne proposée.**
Embuscade – errance – fuite – pérégrination – piège – poursuite – quête – recherche – trahison.

| danger | voyage | mission |
|---|---|---|
| | | |

**5** **Lis cet extrait des *Mille et Une Nuits*.**

Le magicien africain tira un anneau qu'il avait au doigt, et le mit à l'un des doigts d'Aladdin en lui disant que cela le préserverait contre tout ce qui pourrait lui arriver de mal.

*Les Mille et Une Nuits*, d'après la trad. d'Antoine Galland.

**Coche la réponse qui convient à chaque fois.**

1. D'après toi, Aladdin s'apprête à :
❑ affronter un danger ❑ se marier ❑ voler un anneau
2. Cet anneau est un :
❑ grimoire ❑ outil ❑ talisman
3. Ce que fait le magicien est un :
❑ don ❑ maléfice ❑ sortilège

## 6 *Autodictée*

**Apprends ce texte par cœur, puis écris-le de mémoire sur une feuille.**

Il y a longtemps, très longtemps, deux frères bergers, dont l'histoire a oublié les noms, abandonnèrent leurs campements à la recherche d'une terre fertile. La sécheresse sévissait dans le pays. Ils avaient perdu tout leur bétail et ne parvenaient plus à se nourrir correctement.

Ils décidèrent de faire un grand voyage. Ils prirent deux sacs en peaux de bouc avec de l'eau dans l'un et des galettes de mil dans l'autre.

**Souleymane Mbodj**, « Le Premier Griot », *Mille ans de contes* - Afrique, © Milan, 2010.

# 53 Les mots pour parler de la poésie

*Je comprends les mots de la grammaire*

« Vers » vient d'une racine latine qui signifie « tourner » : il retourne à la ligne à chaque fois.

## *Ce que je sais déjà*

**Pavane de la virgule**

« Quant à Moi ! », dit la Virgule,
J'articule et je module ;
Minuscule ; mais je régule
Les mots qui s'emportaient !
J'ai la forme d'une Péninsule ;
À mon signe la phrase bascule. […]

**A. Chedid**, *Fêtes et Lubies*, © Flammarion, 2014.

a. À quoi vois-tu que ce texte est un poème ?

.......................................................................................................

.......................................................................................................

.......................................................................................................

b. Un des vers n'a pas le même nombre de syllabes que les autres ?
❑ faux ❑ vrai

## *Je retiens*

### ■ La poésie : un langage qui parle à la sensibilité

- La poésie éveille l'**émotion** et l'**imagination** du lecteur ou de l'auditeur. ► Exercices 1, 2
- Le poète exprime sa vision de la réalité par des **images** (**comparaisons**, **métaphores**…). Les **calligrammes** sont même des poèmes où les mots dessinent des images.
- Dans la mythologie, *Orphée* est le premier poète dont la **lyre** et le **chant** charment tous ceux qui l'entendent. Pour les Anciens, ce sont *les Muses* qui donnent aux poètes leur **enthousiasme** (inspiration divine). ► Exercices 1, 5

### ■ La poésie : une technique qui obéit à des règles.

Le poète écrit en respectant des **contraintes** qui font résonner les mots entre eux par :
– la disposition des vers en **strophes** (deux *quatrains* et deux *tercets* dans un *sonnet* par exemple),
– la longueur des vers qui leur donne un certain **rythme** : 8 syllabes pour un *octosyllabe*, 12 pour l'*alexandrin*, ► Exercices 3, 6
– les sonorités en fin de vers avec les **rimes** (*suivies, croisées, embrassées*),
– la musicalité des mots et la répétition de certaines sonorités : les **assonances** (répétition de sons voyelles) ; les **allitérations** (répétition de sons consonnes). ► Exercice 4

## *Je m'exerce*

**1** a. **À quel instrument fait référence l'adjectif « lyrique » ?** .......................................
b. **Quel art tire son nom des Muses ?** .......................................
c. **Quel sens donnes-tu au mot souligné dans l'expression « un public <u>enthousiaste</u> » ?**

.......................................................................................................

**2** **Complète les phrases avec l'un des mots suivants : poète, poème, poésie, poétique.**
1. Une anthologie est un recueil ...........................
2. Une revue de ........................... est une publication périodique.
3. L'acteur nous récite des ........................... de Robert Desnos.
4. J'ai trouvé un florilège d'un ........................... peu connu chez un bouquiniste.

**3** **Place les trois mots (acrostiche, distique, hémistiche) à côté de leur définition ; leur racine grecque (-stich-/-stique) signifie « vers ».**

Moitié d'un vers : ........................................ Suite de deux vers : ........................................

Poème dont les initiales de chaque vers forment un nom : ........................................

**4** **Lis cet extrait de fable.**

*Le souriceau fait le portrait de deux animaux qu'il a rencontrés, un coq et un chat.*

[...] « Il se battait, dit-il, les flancs avec ses bras,
Faisant tel bruit et tel fracas,
Que moi, qui grâce aux dieux de courage me pique,
En ai pris la fuite de peur,
Le maudissant de très bon cœur.
Sans lui j'aurais fait connaissance
Avec cet animal qui m'a semblé si doux.
Il est velouté comme nous,
Marqueté, longue queue, une humble contenance ; [...] »

**La Fontaine**, *Fables*, VI, V, v. 18-26, « Le Cochet, le Chat et le Souriceau », 1668.

a. **Dans les deux premiers vers, il y a deux allitérations. Entoure l'une et souligne l'autre.**

b. **Dans le septième et le huitième vers, entoure en bleu une assonance.**

c. **À quel bruit animal peut faire penser le choix de l'assonance ?** ........................................

**5** **Parmi ces noms de poète, choisis celui qui correspond à chaque phrase.**

Un aède – un barde – un fabuliste – un ménestrel – une poétesse – un troubadour – un trouvère.

1. Homère est supposé être ........................................ grec, auteur de l'*Iliade* et de l'*Odyssée*.
2. Louise Labé est ........................................ qui vécut au XVIe siècle à Lyon, croit-on.
3. La Fontaine est ........................................ célèbre qui vécut sous le règne de Louis XIV.

**6** **Analyse ces extraits de fables. (La Fontaine, I, IX et X)**

1. Autrefois, le rat de ville
Invita le rat des champs
D'une façon fort civile. (.......)
À des reliefs d'ortolans.

2. La raison du plus fort est toujours la meilleure, (.......)
Nous l'allons montrer tout à l'heure.
Un agneau se désaltérait (.......)
Dans le courant d'une onde pure.
Un loup survient à jeun qui cherchait aventure,
Et que la faim en ces lieux attirait. (.......)

a. **Écris dans les parenthèses le compte des syllabes contenues dans chaque vers.**

b. **Recopie le vers qui correspond à la bonne dénomination.**

un heptasyllabe : ........................................

un octosyllabe : ........................................

un décasyllabe : ........................................

un alexandrin : ........................................

c. **Encadre, souligne ou mets entre parenthèses chaque rime différente des extraits 1 et 2.**

**– Quel extrait comporte des rimes embrassées ABBA ?** extrait .....

**– Quel extrait comporte des rimes croisées ABAB ?** extrait .....

# 54 Les reprises nominales et pronominales

*Je comprends les mots de la grammaire*

« Périphrase » veut dire « expression qui tourne autour » : elle remplace un mot précis par un groupe de mots.

## *Ce que je sais déjà*

1. « Que faisiez-vous au temps chaud ?
Dit-elle à cette emprunteuse […] (I, I, v.17-18)
2. « Qui te rend si hardi de troubler mon breuvage ?
Dit cet animal plein de rage […] (I, X, v.7-8)

**La Fontaine**, *Fables*, 1668.

a. De ces quatre animaux : l'agneau, la cigale, la fourmi ou le loup, lequel pose la question de la phrase ? 1 : .................... 2 : ....................

b. Lequel est remplacé par le pronom personnel souligné ?
1 : vous = .................... 2 : te = ....................

## *Je retiens*

### Comment éviter les répétitions ?

Les reprises nominales et pronominales permettent d'**éviter les répétitions** d'un élément (personnage, lieu...) déjà cité dans le texte.

Ex. : ***Le loup*** *voit l'agneau.* ***La bête féroce*** *s'approche de lui.* ***Elle*** *s'adresse au petit animal.*

### Comment faire une reprise avec un nom ?

► Exercices 1, 2, 3, 4, 5

La **reprise nominale** se fait avec un synonyme, une périphrase ou un nom générique.

Ex. : *Le moucheron voit le lion, s'attaque au* ***roi des animaux*** *et harcèle le* ***fauve****.*
(périphrase) (nom générique)

### Comment faire une reprise avec un pronom ?

► Exercices 2, 4

La **reprise pronominale** utilise un pronom personnel, démonstratif ou possessif.

Ex. : *Le moucheron s'attaque au lion ;* ***celui-ci*** *se met à rugir.*
(pronom démonstratif)

## *Je m'exerce*

**1 Reprends le nom souligné par un des noms suivants :** compagnon, un fauve, l'insecte, quadrupède.

1. Le moucheron pique le lion, .................... harcèle le gros animal.
2. Le renard et le bouc sont dans le puits, mais le renard trompe son ....................
3. L'âne a revêtu la peau du lion, car il veut se faire craindre comme ....................
4. La grenouille imite le bœuf, mais n'atteint pas la taille du ....................

**2 Invente trois courtes phrases. Les sujets te sont donnés (un nom, son synonyme, un pronom personnel) dans la première colonne.**

| | |
|---|---|
| Exemple :<br>*Le Petit Poucet/l'enfant/il* | *Le Petit Poucet traverse la forêt. L'enfant n'a pas peur. Il a semé des miettes de pain.* |
| Le roi/le monarque/il | |
| Le Chaperon rouge/la fillette/elle | |
| Le Chat botté/l'animal/il | |
| Zeus/le dieu/il | |
| Pénélope/la reine/elle | |

**3** **Lis cet extrait du *Chat botté*.**

Un Meunier ne laissa pour tous biens à trois enfants qu'il avait que son Moulin, son Âne et son Chat. […] L'Aîné eut le Moulin, le second eut l'Âne, et le plus jeune n'eut que le Chat. Ce dernier ne pouvait se consoler d'avoir un si pauvre lot.

**Charles Perrault**, *Contes de ma Mère l'Oye*, « Le Maître chat ou le Chat botté », 1697.

a. **Par quels mots est reprise l'expression « trois enfants » dans la deuxième phrase ?**

..........

b. **Quel fils représente l'expression « ce dernier » au début de la troisième phrase ?**

..........

c. **Quelle expression représente le Chat dans la troisième phrase ?**

..........

**4** **Lis ce début de fable.**

Deux Mulets cheminaient, l'un d'avoine chargé,
L'autre portant l'argent de la Gabelle[1].
Celui-ci, glorieux d'une charge si belle,
N'eût voulu pour beaucoup en être soulagé.
Il marchait d'un pas relevé,
Et faisait sonner sa sonnette :
Quand l'ennemi se présentant,
Comme il en voulait à l'argent,
Sur le Mulet du fisc une troupe se jette,
Le saisit au frein et l'arrête […]

1. gabelle : impôt sur le sel, récolté par le service des impôts, le fisc.

**La Fontaine**, *Fables*, I, IV, « Les Deux Mulets », 1668.

a. **Souligne dans le texte les 6 mots ou expressions qui évoquent le mulet qui porte l'argent.**

b. **Quel mot reprend « ennemi » à la fin du texte ?** ..........

**5** **Relie les phrases en associant chaque périphrase au mot en gras qu'elle représente.**

Ex. : *Le moucheron pique* ***le lion****. **Le roi des animaux** rugit de douleur.*

| | |
|---|---|
| Un chat poursuit **les souris**. • | • L'habitante des marais se cache. |
| Un héron effraie **la grenouille**. • | • La messagère du printemps vole haut. |
| Le paysan observe **l'hirondelle**. • | • La gent trotte-menu cherche un sauveur. |

**6** ***Réécriture***

a. **Réécris ce texte au pluriel en respectant les reprises pronominales.**

Le loup se jette sur la grand-mère et la dévore en moins de rien, car il n'a pas mangé depuis trois jours.

..........

..........

b. **Réécris ce texte en évitant les répétitions.**

Le chêne est fier de sa taille. Le chêne se moque du roseau. Pourtant la tempête n'abat que le chêne.

..........

# 55 Les connecteurs temporels

*Je comprends les mots de la grammaire*

« Connecteur » a pour racine un verbe latin qui signifie « nouer, lier ». Il établit une connexion.

## Ce que je sais déjà

Alors, pour la première fois, les semences de Cérès furent enfouies dans de longs sillons et les taureaux gémirent sous le poids du joug[1].
Puis commença le troisième âge, l'âge de bronze, celui d'une race plus farouche […]

1. joug : barre d'attelage

**Ovide**, *Les Métamorphoses*, I, 123-127, trad. O. Sers © Les Belles Lettres.

a. Dans ce texte, les périodes se...
❏ précèdent ❏ chevauchent ❏ succèdent

b. À quel âge découvre-t-on l'agriculture et l'élevage ?
❏ le premier ❏ le deuxième ❏ le troisième

c. Qu'indique l'expression « pour la première fois » ?
❏ un début ❏ une répétition ❏ une durée

## Je retiens

### ■ Les connecteurs temporels : définition

- Les **connecteurs temporels** sont comme des « panneaux indicateurs » : ils aident à comprendre le déroulement de l'action dans le temps. ► Exercices 2, 4
- Ces connecteurs peuvent indiquer la date, la durée, la succession des évènements.

### ■ Comment sont marquées les étapes du récit ?

- Dans un conte, les connecteurs temporels permettent d'identifier quatre grandes étapes chronologiques du récit :
  – une **situation initiale** (qui existe avant le début de l'action) : *il était une fois, il y a très longtemps, jadis...* ► Exercices 3, 5
  **Ex. :** *Autrefois vivait dans la forêt un pauvre bucheron.*
  – l'**élément perturbateur** (qui vient rompre la situation initiale) : *un jour, soudain, tout à coup...* ► Exercice 1
  **Ex. :** *Un jour, il décida d'emmener ses enfants en promenade.*
  – l'enchainement des **péripéties** (les différentes épreuves que traverse le héros) : *alors, et, et puis, ensuite…* ► Exercices 2, 5
  **Ex. :** *Il les abandonna au plus profond du bois. Alors son plus jeune fils prit la parole...*
  – le **dénouement** (qui marque la fin de l'histoire) : *enfin, et depuis ce jour-là...*
  **Ex. :** *Depuis ce jour, ils vécurent heureux dans la richesse.* ► Exercices 2, 3, 5
- Les connecteurs temporels permettent donc de mesurer la durée des actions, de comprendre leur enchainement et de rythmer le récit.

## Je m'exerce

**1** a. **Distingue les synonymes de « tout à coup » et « tout de suite » parmi les mots suivants.**

Aussitôt – brusquement – immédiatement – instantanément – soudain – subitement.

Tout à coup : ..........

Tout de suite : ..........

b. **Fais une phrase dans laquelle tu utiliseras un mot de chaque série.**

..........

..........

**2** **Lis cet extrait de *Peau d'Âne*.**

D'abord elle se décrassa,
Les mains, les bras et le visage,
Et prit un corps[1] d'argent que vite elle laça
Pour dignement faire l'ouvrage
Qu'aussitôt elle commença.

1. corps : corsage

**Charles Perrault**, *Contes en vers*, « Peau-d'Âne », 1694.

a. **Quels mots marquent le début d'une action ?** ..........

b. **Quel mot enchaine l'action du vers 1 à celle du vers 3 ?** ..........

c. **Remets ces trois verbes et leur sujet dans le bon ordre en ajoutant un connecteur temporel devant chaque sujet.**

elle s'habille – elle se met au travail – elle se lave

..........

**3** **Barre le connecteur intrus qui ne donne pas un point de départ.**

À compter de – à partir de – aussitôt – depuis – dès lors – désormais – jusque là – sitôt.

**4** **Complète le récit de cette métamorphose en ajoutant les connecteurs suivants :**

alors – aussitôt – depuis lors – jadis – puis – un jour.

.......... Glaucus menait une vie simple de pêcheur. .......... tous les poissons qu'il venait de déposer sur l'herbe reprirent vie et retournèrent à la mer. .......... Glaucus comprit que l'herbe donnait l'immortalité. .......... il en mangea une grande quantité. .......... il se jeta à l'eau. .......... il est devenu un dieu marin à queue de poisson.

D'après **B. Clavel**, *Légendes de la mer*, « Glaucus et Scylla », © Librairie Hachette, 1975.

**5** **Lis cet extrait de conte.**

Autrefois, le ciel était si près de la terre qu'il suffisait de lever la main pour le toucher.
Et les hommes ne s'en privaient pas ! Ils en détachaient même de bons bouts pour les manger car le ciel était succulent ! [...]
Alors un matin, le ciel en a eu assez d'être maltraité. Il est remonté très haut, là où il est à présent.
Et depuis, les hommes pour se nourrir doivent travailler la terre sur laquelle *jadis* ils jetaient la nourriture céleste.

**Jean-Jacques Fdida**, *La Naissance de la nuit et autres contes*, © Didier Jeunesse, 2006.

a. **Souligne, dans le texte, les connecteurs temporels.**

b. **De quel mot du texte *jadis* est-il le synonyme ?** ..........

**6** *Autodictée*

**Apprends ce texte par cœur, puis écris-le de mémoire sur une feuille.**

Il était une fois un garçon qui n'avait de goût qu'aux choses de la mer. Il s'ennuyait tant de rester à terre qu'il voulut être marin, mais son père refusa, parce qu'il désirait qu'il choisisse un autre métier. Le garçon continua donc à s'ennuyer, jusqu'au jour où son oncle décida de l'aider.

**Irène Frain**, *Contes du cheval bleu, Diableries et vaisseaux fantômes*, « Le crapaud qui commanda un navire », © Éditions Jean Picollec, 1980.

# 56 Rédiger des phrases de dialogue

*Je comprends les mots de la grammaire*

L'« interlocuteur » est celui auquel on s'adresse : ses racines latines sont « inter- » (=entre) et « -loc-/loqu- » (= parler).

## Ce que je sais déjà

J'étais bien plus isolé qu'un naufragé sur un radeau au milieu de l'océan. Alors vous imaginez ma surprise, au lever du jour, quand une drôle de petite voix m'a réveillé. Elle disait :
« S'il vous plaît… dessine-moi un mouton !
– Hein !
– Dessine-moi un mouton… »

**A. de Saint-Exupéry**, *Le Petit Prince*, II,
© Éditions Gallimard.

a. Quels sont les signes de ponctuation qui marquent le dialogue ?

........................................................................

b. Que marquent les points de suspension ?

........................................................................

c. Que marque le point d'exclamation ?

........................................................................

## Je retiens

### Faire parler un personnage

► Exercices 1, 4, 5

Dans un récit, quand un personnage parle, on trouve : un **verbe de parole**, *deux-points*, les phrases qu'il prononce entourées de guillemets.

**Ex. :** *Mère-grand* ***cria*** *: « Tire la chevillette, la bobinette cherra. »*
*Le pilote, en entendant la voix,* ***pensa*** *: « Je deviens fou. »*

### Faire dialoguer des personnages

► Exercices 2, 4, 5

- Dans un dialogue entre des personnages (= les interlocuteurs), on retrouve :
  - un **verbe de parole**, au début, au milieu ou à la fin des paroles prononcées ;
  - les guillemets qu'on ouvre dès que parle la première personne ; qu'on ferme à la fin du dialogue ;
  - un tiret chaque fois que l'interlocuteur change.

**Ex. :** *La fée dit à Cendrillon :*
*« Voilà ton carrosse pour le bal : n'es-tu pas contente ?*
*– Oui, mais garderai-je mes vilains habits ?*
*– Ne t'en fais pas,* ***dit*** *la fée, j'ai pensé à tout. »*

- Le verbe de parole peut préciser aussi le ton et les sentiments de chaque interlocuteur.

## Je m'exerce

**1** **Réécris ces phrases en utilisant la bonne ponctuation.**

1. L'aviateur demanda qui es-tu ?

........................................................................

2. La fée dit citrouille en carrosse transforme-toi !

........................................................................

**2** a. **Associie les actions au nom correspondant.**

| | | | |
|---|---|---|---|
| Imposer quelque chose à un autre | • | • | affirmation |
| Parler avec émotion | • | • | exclamation |
| Chercher un renseignement | • | • | ordre |
| Dire quelque chose dont on est certain | • | • | question |

b. **Rédige une phrase qui illustre une des situations en utilisant un verbe de parole.**

Dire – demander – s'exclamer.

........................................................................

**3** a. **Parmi les verbes de parole suivants, souligne ceux qui posent une question.**

Annoncer – achever – demander – finir – s'informer – interroger – ordonner – répondre.

b. **Classe les verbes de parole suivants selon ce qu'ils indiquent.**

Bafouiller – balbutier – bégayer – chuchoter – grogner – hurler – maugréer – ronchonner – vociférer

| La mauvaise humeur | Une forte émotion | Le volume de la voix |
|---|---|---|
| | | |

**4** **Transforme les phrases selon le modèle de l'exemple.**

Ex. : *Le milliardaire dit au petit prince qu'il est occupé.*

*Le milliardaire dit au petit prince : « Je suis occupé ».*

1. La rose dit qu'elle a soif.
   La rose dit : ........................................
2. La rose demande si le petit prince a un paravent.
   La rose demande : ........................................
3. La rose lui dit de la mettre sous globe.
   La rose lui dit : ........................................
4. La rose dit qu'elle n'est pas une herbe.
   La rose dit : ........................................

**5** **Lis cet extrait.**

Un loup, en voyant un agneau qui buvait à une rivière, voulut, avant de le dévorer, lui en fournir une raison irréfutable. Il lui **reprocha** donc, bien qu'il se trouvât en amont, de l'empêcher de boire et de troubler son eau. « Je ne bois que du bout des lèvres, lui **répondit** l'agneau, et de plus je ne saurais troubler ton eau puisque je suis plus bas que toi. » Déconcerté, le loup **reprit** alors : « De plus, l'année dernière, tu as fort mal traité mon père. – Impossible, **répondit** l'agneau, car je n'étais pas né. – Eh bien, **reprit** le loup, tu as beau **répliquer** à tout, tu me serviras quand même de repas. »

« Le loup et l'agneau », in *Les Fables d'Ésope*, 153, trad. J. Lacarrière, © Albin Michel, 2003.

a. **Combien y a-t-il d'échanges entre les personnages ?** ❑ 4 ❑ 5 ❑ 6

b. **Complète la phrase avec les paroles du loup. Aide-toi du passage souligné.**

Le loup lui fit ces reproches : « Tu ........................................ eau. »

c. **Comment appelle-t-on les six verbes en gras ?** ........................................

d. **Que « reprit » le loup ?** ❑ l'agneau ❑ l'eau ❑ la parole

## 6 *Écriture*

**Sur feuille, rédige un petit dialogue à partir de ce début d'une autre fable d'Ésope. Sois attentif à sa présentation et à sa ponctuation.**

Zeus, au cours de ses noces, offrit à tous les animaux un banquet auquel, seule, la tortue ne vint pas. Le jour suivant, comme il l'interrogeait sur les motifs de son absence, elle...

« Zeus et la Tortue », in *Les Fables d'Ésope*, 136, trad. J. Lacarrière, © Albin Michel, 2003.

# Je révise Les classes de mots

**Lis cet extrait du *Petit Chaperon rouge*.**

Un jour sa mère, ayant cuit et fait des galettes, lui dit : « Va voir comme se porte ta mère-grand, car on <u>m</u>'a dit qu'<u>elle</u> était malade, porte-lui une galette et ce petit pot de beurre. » Le Petit Chaperon rouge partit aussitôt pour aller chez sa mère-grand, qui demeurait dans un autre village. [En passant dans un bois <u>elle</u> rencontra compère le Loup, qui eut bien envie de <u>la</u> manger ;] mais il n'osa, à cause de quelques bûcherons qui étaient dans la forêt.

**Charles Perrault**, « Le Petit Chaperon rouge », *Contes de ma Mère l'Oye*, 1697.

**En t'appuyant sur les leçons 1 à 8 de ton cahier, réponds aux questions suivantes.**

**1 a. Relève dans l'ordre du texte les deux GN qui comportent l'adjectif « petit ».**

........................................................................................................

**b. Comment s'appelle le déterminant employé dans chaque GN ?**

........................................................................................................

........................................................................................................

*Je m'évalue* Acquis ❑ Non acquis ❑

**2 Trouve dans le texte un GN avec le déterminant demandé.**

| Article défini féminin singulier | Article indéfini masculin singulier | Article indéfini féminin singulier | Article indéfini féminin pluriel |
|---|---|---|---|
| | | | |

*Je m'évalue* Acquis ❑ Non acquis ❑

**3 Observe le déterminant possessif dans les GN : « ta mère-grand » (l. 1) et « chez sa mère-grand » (l. 2-3). Pourquoi est-il différent ?**

........................................................................................................

........................................................................................................

........................................................................................................

*Je m'évalue* Acquis ❑ Non acquis ❑

**4 Quels personnages les pronoms soulignés remplacent-ils ?**

**1.** « On <u>m</u>'a dit qu'<u>elle</u> était malade. » (l. 1-2)

m' : ❑ le Petit Chaperon rouge ❑ le loup ❑ la mère ❑ la mère-grand

elle : ❑ le Petit Chaperon rouge ❑ le loup ❑ la mère ❑ la mère-grand

**2.** « <u>Elle</u> rencontra compère le Loup qui eut bien envie de <u>la</u> manger. » (l. 3-4)

Elle : ❑ le Petit Chaperon rouge ❑ le loup ❑ la mère ❑ la mère-grand

la : ❑ le Petit Chaperon rouge ❑ le loup ❑ la mère ❑ la mère-grand

*Je m'évalue* Acquis ❑ Non acquis ❑

**5 Associe chaque mot invariable à sa classe de mots.**

| | |
|---|---|
| aussitôt • | • préposition |
| bien • | • adverbe |
| comme • | • conjonction de coordination |
| dans • | • conjonction de subordination |
| mais • | |

*Je m'évalue* Acquis ❑ Non acquis ❑

**6 *Réécriture***

**Réécris la phrase entre crochets en remplaçant « elle » par « elles » et « compère le Loup » par « les loups » :** ........................................................................

........................................................................................................

*Je m'évalue* Acquis ❑ Non acquis ❑

*Je révise* 

# Les fonctions

**Lis le début de cette légende irlandaise.**

Dave était un petit garçon de huit ans fort bien élevé par ses parents qui n'avaient que cet enfant et prenaient grand soin de lui. Il était sage et instruit, il ne cherchait jamais à s'éloigner seul de la maison construite à quelques dizaines de pas d'une belle plage de sable fin. Les jours où la mer était calme, on permettait à Dave de jouer seul sur la plage à condition qu'il ne monte pas sur la digue. Car au bout de la digue, l'eau était profonde et le garçon ne savait pas nager.

**Bernard Clavel**, « Les cygnes de la mer », in *Légendes de la mer*, © Hachette Jeunesse, 1975.

**En t'appuyant sur les leçons 9 à 14 de ton cahier, réponds aux questions suivantes.**

**1 Relève deux G.N. du texte comportant des adjectifs épithètes. Souligne ces adjectifs.**

................................................................................

*Je m'évalue* Acquis ❑ Non acquis ❑

**2 a. Place dans ce tableau les 4 sujets et leurs 4 attributs dans l'ordre du texte.**

| Sujets | Attributs du sujet |
|---|---|
| | |

**b. Réécris le deuxième exemple trouvé en utilisant comme sujet « elles ».**

................................................................................

*Je m'évalue* Acquis ❑ Non acquis ❑

**3 Indique si la phrase comporte un COD (si oui, souligne-le).**

1. Les parents élèvent leur fils Dave. ❑ oui ❑ non
2. Ils s'occupent de leur enfant. ❑ oui ❑ non
3. Dave s'éloigne de la maison. ❑ oui ❑ non
4. L'enfant regarde la mer. ❑ oui ❑ non
5. Le garçon ne nage pas du tout. ❑ oui ❑ non

*Je m'évalue* Acquis ❑ Non acquis ❑

**4 Dans les phrases suivantes, souligne les COI et entoure les COS.**

1. L'enfant joue au ballon sur la plage.
2. Le petit garçon s'intéresse aux coquillages.
3. Les parents offrent un ballon à leur fils.
4. Ils parlent de leurs vacances.
5. Il ne se souvient pas de leurs conseils.
6. Dave apporte un coquillage nacré à sa mère.

*Je m'évalue* Acquis ❑ Non acquis ❑

**5 Invente une réponse à chaque question en employant un complément circonstanciel que tu souligneras. Précise sa nature en abrégé.**

1. Quand Dave se promène-t-il au bout de la digue?

................................................................................

2. Où vivent Dave et ses parents?

................................................................................

3. Comment les parents élèvent-ils leur petit garçon?

................................................................................

*Je m'évalue* Acquis ❑ Non acquis ❑

# Je révise La phrase

**Lis cette fable.**

Deux grenouilles cohabitaient dans un étang. Mais l'été l'ayant asséché, elles le quittèrent et en cherchèrent un autre. Elles arrivèrent alors près d'un puits profond et l'une dit à sa compagne : « Eh bien, descendons ensemble dans ce puits. » Mais l'autre répondit : « Et si l'eau s'assèche là aussi, comment allons-nous remonter ? »
Cette fable montre qu'en toutes choses il ne faut jamais agir à la légère.

« Les Grenouilles », in *Les Fables d'Ésope*, 19, trad. J. Lacarrière, © Albin Michel, 2003.

**En t'appuyant sur les leçons 15 à 19 de ton cahier, réponds aux questions suivantes.**

**1** a. Une des grenouilles dit : « Quelle chaleur ! De l'eau, vite ! Hop, dans le puits ! »

**Ces phrases sont :** ❏ verbales ❏ non verbales

**Coche la bonne réponse. Justifie ton choix**

........................................................................................................

b. **Selon ta réponse, réécris ces trois phrases de l'autre manière.**

........................................................................................................

c. **Comment appelle-t-on les phrases employées en 1a ? Aide-toi de la ponctuation.**

........................................................................................................

*Je m'évalue* Acquis ❏ Non acquis ❏

**2** a. **Indique si la phrase est simple ou complexe.**

1. Deux grenouilles cohabitaient dans un étang. ..............................
2. « Eh bien, descendons ensemble dans ce puits. » ..............................
3. Cette fable montre qu'en toutes choses il ne faut jamais agir à la légère. ..............................

b. **Justifie ta réponse pour la troisième phrase.**

........................................................................................................

*Je m'évalue* Acquis ❏ Non acquis ❏

**3** **Relève dans le texte un exemple de phrase injonctive et un exemple de phrase interrogative.**

Phrase injonctive : ........................................................................................................

Phrase interrogative : ........................................................................................................

*Je m'évalue* Acquis ❏ Non acquis ❏

**4** **Explique quelle ponctuation est utilisée pour rapporter les paroles du personnage.**

........................................................................................................

........................................................................................................

*Je m'évalue* Acquis ❏ Non acquis ❏

**5** **Quelles phrases ont le même sens que « en toutes choses il ne faut jamais agir à la légère » ?**

| | | |
|---|---|---|
| – Il faut toujours agir en réfléchissant. | ❏ oui | ❏ non |
| – Il faut toujours agir sans réfléchir. | ❏ oui | ❏ non |
| – Il faut parfois agir à la légère. | ❏ oui | ❏ non |
| – Il ne faut en aucun cas agir à la légère. | ❏ oui | ❏ non |

*Je m'évalue* Acquis ❏ Non acquis ❏

Je révise

# La conjugaison et le récit au passé

**Lis cet extrait.**

*Ulysse entend la princesse Nausicaa sur la plage.*

La fille du roi lança une balle à une de ses femmes, mais elle la manqua, et jeta la balle dans un remous profond. Toutes poussèrent un grand cri, et Ulysse s'éveilla. S'étant assis, il agitait ces pensées en son esprit et son cœur: «Malheur de moi! Au pays de quels hommes suis-je arrivé? Sont-ils violents, sauvages et injustes, ou bien accueillants aux étrangers, et leur esprit a-t-il la crainte des dieux? Ce sont, dirait-on, des jeunes filles, dont la voix claire a frappé mes oreilles [...]»

**Homère**, *Odyssée*, VI, 115-123, trad. M. Dufour.

**En t'appuyant sur les leçons 20 à 30 de ton cahier, réponds aux questions suivantes.**

**1** a. **Souligne dans le passage suivant tous les verbes conjugués.**

La fille du roi lança une balle à une de ses femmes, mais elle la manqua, et jeta la balle dans un remous profond. Toutes poussèrent un grand cri, et Ulysse s'éveilla.

b. **À quel temps sont conjugués tous ces verbes?** ..................................................

c. **À quel groupe appartiennent ces verbes?** ..................................................

d. **Explique la différence de terminaison de «poussèrent» par rapport aux autres formes.**

..................................................

*Je m'évalue* Acquis ❑ Non acquis ❑

**2** a. **Indique la personne, le temps et le mode du verbe «agitait».**

..................................................

b. **Ce verbe raconte-t-il une nouvelle action ou décrit-il un sentiment du personnage?**

..................................................

*Je m'évalue* Acquis ❑ Non acquis ❑

**3** a. **Relève, dans l'extrait, deux verbes au passé composé ainsi que leurs sujets.**

..................................................

b. **Explique pourquoi ce temps est employé dans ce passage.**

..................................................

..................................................

*Je m'évalue* Acquis ❑ Non acquis ❑

**4** **Identifie la forme verbale «dirait-on»?**

1. ❑ un conditionnel ❑ un futur ❑ un imparfait
2. ❑ une 3e pers. du sing. ❑ une 3e pers. du pl.

*Je m'évalue* Acquis ❑ Non acquis ❑

**5** **Réécris le passage de la question 1 au futur simple de l'indicatif.**

..................................................

..................................................

..................................................

*Je m'évalue* Acquis ❑ Non acquis ❑

*Je révise* 

# Les accords dans le GN

**Lis cet extrait.**

*Énée s'approche de l'île de la magicienne Circé*

La flotte rase les côtes toutes proches de la terre de Circé ; c'est là que la riche fille du Soleil, de son chant incessant, emplit les bois inaccessibles [...] De là on entendait les gémissements furieux de lions qui refusaient leurs chaînes et rugissaient dans la nuit ; des sangliers velus et des ours se démenaient rageusement dans leurs enclos et des loups aux silhouettes énormes hurlaient ; Circé, la cruelle déesse, avec ses herbes puissantes, leur avait ôté leur aspect humain.

**Virgile**, *Énéide*, VII, 10-20, trad. A.-M. Boxus et J. Poucet © BCS.

**En t'appuyant sur les leçons 31 à 33 de ton cahier, réponds aux questions suivantes.**

**1** a. **Mets au singulier les GN suivants : « les bois inaccessibles » – « des sangliers velus ».**

..........................................................................................................

b. **Mets le GN « des loups aux silhouettes énormes » au singulier.**

..........................................................................................................

c. **Mets le GN « la cruelle déesse » au masculin pluriel :** ..........................................

*Je m'évalue* Acquis ❑ Non acquis ❑

**2** **Mets au singulier la phrase : « Les lions refusaient leurs chaînes ».**

..........................................................................................................

*Je m'évalue* Acquis ❑ Non acquis ❑

**3** **Remplace le nom commun de « de son chant incessant » par « mélodie » et explique ce qui change.**

« de son chant incessant » devient : ..........................................................................

..........................................................................................................

*Je m'évalue* Acquis ❑ Non acquis ❑

**4** **Complète ces phrases avec les déterminants démonstratifs qui conviennent.**

1. La magicienne habite sur ...................... ile.
2. Tous ...................... animaux la craignent.
3. Elle a transformé ...................... homme en lion.
4. Avec ...................... potions magiques, elle métamorphose les voyageurs.
5. Elle loge dans ...................... palais.

*Je m'évalue* Acquis ❑ Non acquis ❑

**5** **Associe chaque déterminant au nom qu'il accompagne.**

| | |
|---|---|
| De • | • feu clair |
| ce • | • potions redoutables |
| l' • | • puissants rugissements |
| ses • | • ours effrayant |

*Je m'évalue* Acquis ❑ Non acquis ❑

**6** **Accorde les adjectifs suivants avec les noms qu'ils qualifient :** brutal – domestique – dur – inhumain – malheureux – merveilleux – obéissant – pauvre – sauvage – terrifiant.

Ulysse et ses ............................ compagnons abordèrent une ile ............................. Pourtant ils y vécurent une aventure ............................ Les ............................ visiteurs étaient tous transformés en bêtes ............................ ou ............................ . En effet la maitresse des lieux, Circé, une magicienne, se montrait très ............................ Même les hommes les plus ............................ pouvaient devenir comme des agneaux ............................ sous sa ............................ loi.

*Je m'évalue* Acquis ❑ Non acquis ❑

*Je révise*

# Les accords du sujet et de l'attribut du sujet

**Lis cet extrait de récit mythologique**

Épiméthée et Pandore vivaient il y a des milliers d'années et le monde était alors bien différent d'aujourd'hui. À cette époque-là, les gens étaient tous des enfants. Nul besoin de pères ni de mères, parce qu'il n'existait ni dangers, ni soucis, ni vêtements à raccommoder, et qu'il y avait toujours à manger et à boire en abondance. Quand un enfant voulait manger quelque chose, il n'avait qu'à se servir sur les arbres, car ils étaient couverts de fruits.

**N. Hawthorne**, *Le Premier livre des merveilles*, trad. F. Revuz.

**En t'appuyant sur les leçons 34 et 35 de ton cahier, réponds aux questions suivantes.**

**1 Justifie les accords des deux verbes de la première phrase.**

vivaient : ..............................................................................................................

était : ..................................................................................................................

*Je m'évalue* Acquis ❑ Non acquis ❑

**2 a. Quelle est la fonction de « des enfants » dans la deuxième phrase ?**

..........................................................................................................................

**b. Réécris la deuxième phrase en remplaçant « les gens » par « le Titan Épiméthée ».**

..........................................................................................................................

*Je m'évalue* Acquis ❑ Non acquis ❑

**3 Complète les phrases suivantes en mettant le groupe verbal entre parenthèses à l'imparfait.**

1. Les pères et les mères .................................................. (être inutile).
2. Les dangers, les soucis et les vêtements .................................................. (être inexistant).
3. La nourriture .................................................. (être abondant).

*Je m'évalue* Acquis ❑ Non acquis ❑

**4 Accorde le verbe *vouloir* au présent à la bonne personne selon la phrase.**

1. Épiméthée dit : « Pandore et moi ................................ manger quelque chose. »
2. Pandore dit à Épiméthée : « Cet enfant et toi ................................ manger quelque chose. »
3. Épiméthée dit à un enfant : « Ces gens et elle ................................ manger quelque chose. »
4. Pandore dit aux gens : « Moi, ................................ manger quelque chose. »

*Je m'évalue* Acquis ❑ Non acquis ❑

**5 Associe l'attribut au sujet qui lui correspond.**

| | |
|---|---|
| Épiméthée semble • | • désaltérées. |
| Pandore est • | • assoiffés. |
| Ces enfants ont l'air • | • un cadeau des arbres. |
| Leurs mères paraissent • | • curieuse. |
| Les fruits sont • | • affamé. |

*Je m'évalue* Acquis ❑ Non acquis ❑

**6 Complète les phrases avec un déterminant interrogatif attribut du sujet.**

1. Pandore demande à Épiméthée : « ................................ sont ces fruits ? »
2. Pandore demande à Épiméthée : « ................................ est cette bête ? »
3. Pandore demande à Épiméthée : « ................................ est l'âge de cet enfant ? »

*Je m'évalue* Acquis ❑ Non acquis ❑

*Je révise* 

# Les accords du participe passé

**Lis cet extrait de l'histoire de Philémon et Baucis**

*Jupiter et Mercure, sous l'apparence de voyageurs, arrivent chez deux modestes paysans, Philémon et Baucis.*

Donc, aussitôt que les habitants des cieux sont arrivés à ces modestes pénates[1] et que, baissant la tête, ils en ont franchi l'humble porte, le vieillard les invite à se reposer et leur offre un siège sur lequel Baucis attentive a jeté un tissu grossier. Ensuite [...] elle apporte de son hangar du bois fendu et des ramilles desséchées et le brise en menus morceaux qu'elle met sous un petit chaudron de bronze.

1. ces modestes pénates : cette pauvre maison

**Ovide**, *Les Métamorphoses*, VIII, 637-645, trad. O. Sers, © Les Belles Lettres.

**En t'appuyant sur les leçons 36 et 37 de ton cahier, réponds aux questions suivantes.**

**1 Réécris « Les habitants des cieux sont arrivés à ces modestes pénates. » en remplaçant le sujet par « les déesses ».**

..........................................................................................

*Je m'évalue* Acquis ❑ Non acquis ❑

**2 Complète ces phrases en mettant le verbe entre parenthèses au passé composé.**

1. La vieille Baucis .............................. (rester) muette de stupéfaction.
2. Jupiter et Mercure .............................. (entrer) dans leur humble demeure.
3. Le vieux Philémon .............................. (inviter) les dieux à un modeste repas.
4. Les deux vieillards .............................. (devenir) des arbres au moment de leur mort.

*Je m'évalue* Acquis ❑ Non acquis ❑

**3 a. Barre les formes verbales qui ne conviennent pas dans la phrase suivante.**

Les ramilles /a/ /avaient/ /ont/ /se sont/ /ont été/ /peuvent/ desséchées.

**b. Explique l'accord du participe passé.**

..........................................................................................

..........................................................................................

*Je m'évalue* Acquis ❑ Non acquis ❑

**4 Mets les phrases suivantes au passé composé et justifie la terminaison du participe passé.**

1. Baucis brise les ramilles en menus morceaux.

..........................................................................................

..........................................................................................

*Je m'évalue* Acquis ❑ Non acquis ❑

2. Baucis met les menus morceaux sous le petit chaudron.

..........................................................................................

..........................................................................................

..........................................................................................

*Je m'évalue* Acquis ❑ Non acquis ❑

**5 Réécris chaque phrase en remplaçant le COD souligné par le pronom COD (l', le, la, les) et fais les accords nécessaires.**

1. Philémon a accueilli <u>les dieux</u>. ..............................
2. Zeus a récompensé <u>Baucis</u>. ..............................
3. Les dieux ont franchi <u>le seuil de la maison</u>. ..............................
4. Les dieux ont rejoint <u>les déesses</u>. ..............................
5. Les vieillards ont remercié <u>leurs hôtes</u>. ..............................

*Je m'évalue* Acquis ❑ Non acquis ❑

*Je révise*

# Le sens et la formation des mots

**Lis cet extrait.**

*Le pigeon s'excuse auprès du mille-pattes.*

– Je ne faisais que passer. Je partais puiser de l'eau à la rivière pour arroser mes légumes quand tu es arrivé. Je n'ai pas pu emprunter aujourd'hui ma route habituelle parce que la pluie torrentielle de ce matin l'a rendue impraticable. Je n'ai causé aucun dommage. J'ai pris la précaution de suivre le sentier sur lequel tu as l'habitude de passer toi-même. Et cela, pour éviter de piétiner tes plantations.

**K. Kamanda**, *Les Contes du griot*, « Le Pigeon et le Mille-Pattes », © Magnard Collège, 2005.

**En t'appuyant sur les leçons 41 à 47 de ton cahier, réponds aux questions suivantes.**

**1** a. **Explique la formation de l'adjectif « impraticable ».**

..............................................................................................

b. **Donne deux mots de la même famille :** ..............................................

*Je m'évalue* Acquis ❑ Non acquis ❑

**2** **Trouve, dans le texte, un nom commun et un adjectif de la même famille.**

..............................................................................................

*Je m'évalue* Acquis ❑ Non acquis ❑

**3** a. **Le mot « eau » vient du latin *aqua*. Trouve trois mots avec la même racine latine.** ..............................................

b. **Le verbe « déshydrater » veut dire « faire perdre de l'eau ». Retrouve, dans ce mot, le radical grec qui signifie « eau ».** ..............................................

*Je m'évalue* Acquis ❑ Non acquis ❑

**4** a. **« J'ai pris la précaution de suivre le sentier. »**
**Trouve au moins deux synonymes du mot souligné.**

..............................................................................................

b. **Trouve, dans le texte, un synonyme du verbe « suivre ».** ..............................

c. **Quel antonyme de « arroser » peut compléter cette phrase ?**
Le soleil .............................. mes légumes.

*Je m'évalue* Acquis ❑ Non acquis ❑

**5** **Indique si l'expression soulignée est employée au sens propre ou au sens figuré.**

1. Une pluie d'orage est tombée hier soir. ..............................
2. Le boxeur a reçu une pluie de coups. ..............................
3. Cet homme est un puits de science. ..............................
4. Le bouc est tombé dans un puits profond. ..............................
5. Elle s'achète une rivière de diamants. ..............................
6. La petite rivière coule sous le pont. ..............................

*Je m'évalue* Acquis ❑ Non acquis ❑

**6** **Nomme les niveaux de langue employés par le mille-pattes dans ses trois réponses au pigeon.**

1. Fais attention. .................... 2. Prends des précautions. .................... 3. Fais gaffe. ....................

*Je m'évalue* Acquis ❑ Non acquis ❑

# ÊTRE

| ■ INDICATIF | |
|---|---|
| **Présent** | **Passé composé** |
| je suis | j'ai été |
| tu es | tu as été |
| il est | il a été |
| nous sommes | nous avons été |
| vous êtes | vous avez été |
| ils sont | ils ont été |
| **Imparfait** | **Plus-que-parfait** |
| j'étais | j'avais été |
| tu étais | tu avais été |
| il était | il avait été |
| nous étions | nous avions été |
| vous étiez | vous aviez été |
| ils étaient | ils avaient été |
| **Passé simple** | **Passé antérieur** |
| je fus | j'eus été |
| tu fus | tu eus été |
| il fut | il eut été |
| nous fûmes | nous eûmes été |
| vous fûtes | vous eûtes été |
| ils furent | ils eurent été |
| **Futur simple** | **Futur antérieur** |
| je serai | j'aurai été |
| tu seras | tu auras été |
| il sera | il aura été |
| nous serons | nous aurons été |
| vous serez | vous aurez été |
| ils seront | ils auront été |
| **Conditionnel présent** | ■ **IMPÉRATIF** |
| | **Présent** |
| je serais | |
| tu serais | sois |
| il serait | |
| nous serions | soyons |
| vous seriez | soyez |
| ils seraient | |
| ■ **PARTICIPE** | ■ **INFINITIF** |
| **Présent** | **Présent** |
| étant | être |
| **Passé** | **Passé** |
| (ayant) été | avoir été |

# AVOIR

| ■ INDICATIF | |
|---|---|
| **Présent** | **Passé composé** |
| j'ai | j'ai eu |
| tu as | tu as eu |
| il a | il a eu |
| nous avons | nous avons eu |
| vous avez | vous avez eu |
| ils ont | ils ont eu |
| **Imparfait** | **Plus-que-parfait** |
| j'avais | j'avais eu |
| tu avais | tu avais eu |
| il avait | il avait eu |
| nous avions | nous avions eu |
| vous aviez | vous aviez eu |
| ils avaient | ils avaient eu |
| **Passé simple** | **Passé antérieur** |
| j'eus | j'eus eu |
| tu eus | tu eus eu |
| il eut | il eut eu |
| nous eûmes | nous eûmes eu |
| vous eûtes | vous eûtes eu |
| ils eurent | ils eurent eu |
| **Futur simple** | **Futur antérieur** |
| j'aurai | j'aurai eu |
| tu auras | tu auras eu |
| il aura | il aura eu |
| nous aurons | nous aurons eu |
| vous aurez | vous aurez eu |
| ils auront | ils auront eu |
| **Conditionnel présent** | ■ **IMPÉRATIF** |
| | **Présent** |
| j'aurais | |
| tu aurais | aie |
| il aurait | |
| nous aurions | ayons |
| vous auriez | ayez |
| ils auraient | |
| ■ **PARTICIPE** | ■ **INFINITIF** |
| **Présent** | **Présent** |
| ayant | avoir |
| **Passé** | **Passé** |
| (ayant) eu | avoir eu |

# RÊVER (1er groupe)

| ■ INDICATIF | |
|---|---|
| **Présent** | **Passé composé** |
| je rêve | j'ai rêvé |
| tu rêves | tu as rêvé |
| il rêve | il a rêvé |
| nous rêvons | nous avons rêvé |
| vous rêvez | vous avez rêvé |
| ils rêvent | ils ont rêvé |
| **Imparfait** | **Plus-que-parfait** |
| je rêvais | j'avais rêvé |
| tu rêvais | tu avais rêvé |
| il rêvait | il avait rêvé |
| nous rêvions | nous avions rêvé |
| vous rêviez | vous aviez rêvé |
| ils rêvaient | ils avaient rêvé |
| **Passé simple** | **Passé antérieur** |
| je rêvai | j'eus rêvé |
| tu rêvas | tu eus rêvé |
| il rêva | il eut rêvé |
| nous rêvâmes | nous eûmes rêvé |
| vous rêvâtes | vous eûtes rêvé |
| ils rêvèrent | ils eurent rêvé |
| **Futur simple** | **Futur antérieur** |
| je rêverai | j'aurai rêvé |
| tu rêveras | tu auras rêvé |
| il rêvera | il aura rêvé |
| nous rêverons | nous aurons rêvé |
| vous rêverez | vous aurez rêvé |
| ils rêveront | ils auront rêvé |
| **Conditionnel présent** | ■ IMPÉRATIF |
| | **Présent** |
| je rêverais | |
| tu rêverais | rêve |
| il rêverait | |
| nous rêverions | rêvons |
| vous rêveriez | rêvez |
| ils rêveraient | |
| ■ PARTICIPE | ■ INFINITIF |
| **Présent** | **Présent** |
| rêvant | rêver |
| **Passé** | **Passé** |
| (ayant) rêvé | avoir rêvé |

# AGIR (2e groupe)

| ■ INDICATIF | |
|---|---|
| **Présent** | **Passé composé** |
| j'agis | j'ai agi |
| tu agis | tu as agi |
| il agit | il a agi |
| nous agissons | nous avons agi |
| vous agissez | vous avez agi |
| ils agissent | ils ont agi |
| **Imparfait** | **Plus-que-parfait** |
| j'agissais | j'avais agi |
| tu agissais | tu avais agi |
| il agissait | il avait agi |
| nous agissions | nous avions agi |
| vous agissiez | vous aviez agi |
| ils agissaient | ils avaient agi |
| **Passé simple** | **Passé antérieur** |
| j'agis | j'eus agi |
| tu agis | tu eus agi |
| il agit | il eut agi |
| nous agîmes | nous eûmes agi |
| vous agîtes | vous eûtes agi |
| ils agirent | ils eurent agi |
| **Futur simple** | **Futur antérieur** |
| j'agirai | j'aurai agi |
| tu agiras | tu auras agi |
| il agira | il aura agi |
| nous agirons | nous aurons agi |
| vous agirez | vous aurez agi |
| ils agiront | ils auront agi |
| **Conditionnel présent** | ■ IMPÉRATIF |
| | **Présent** |
| j'agirais | |
| tu agirais | agis |
| il agirait | |
| nous agirions | agissons |
| vous agiriez | agissez |
| ils agiraient | |
| ■ PARTICIPE | ■ INFINITIF |
| **Présent** | **Présent** |
| agissant | agir |
| **Passé** | **Passé** |
| (ayant) agi | avoir agi |

# FAIRE (3e groupe)

| ■ INDICATIF | |
|---|---|
| **Présent** | **Passé composé** |
| je fais<br>tu fais<br>il fait<br>nous faisons<br>vous faites<br>ils font | j'ai fait<br>tu as fait<br>il a fait<br>nous avons fait<br>vous avez fait<br>ils ont fait |
| **Imparfait** | **Plus-que-parfait** |
| je faisais<br>tu faisais<br>il faisait<br>nous faisions<br>vous faisiez<br>ils faisaient | j'avais fait<br>tu avais fait<br>il avait fait<br>nous avions fait<br>vous aviez fait<br>ils avaient fait |
| **Passé simple** | **Passé antérieur** |
| je fis<br>tu fis<br>il fit<br>nous fîmes<br>vous fîtes<br>ils firent | j'eus fait<br>tu eus fait<br>il eut fait<br>nous eûmes fait<br>vous eûtes fait<br>ils eurent fait |
| **Futur simple** | **Futur antérieur** |
| je ferai<br>tu feras<br>il fera<br>nous ferons<br>vous ferez<br>ils feront | j'aurai fait<br>tu auras fait<br>il aura fait<br>nous aurons fait<br>vous aurez fait<br>ils auront fait |
| **Conditionnel présent** | ■ IMPÉRATIF |
| je ferais<br>tu ferais<br>il ferait<br>nous ferions<br>vous feriez<br>ils feraient | **Présent**<br>fais<br><br>faisons<br>faites |
| ■ PARTICIPE | ■ INFINITIF |
| **Présent** | **Présent** |
| faisant | faire |
| **Passé** | **Passé** |
| (ayant) fait | avoir fait |

# VOULOIR (3e groupe)

| ■ INDICATIF | |
|---|---|
| **Présent** | **Passé composé** |
| je veux<br>tu veux<br>il veut<br>nous voulons<br>vous voulez<br>ils veulent | j'ai voulu<br>tu as voulu<br>il a voulu<br>nous avons voulu<br>vous avez voulu<br>ils ont voulu |
| **Imparfait** | **Plus-que-parfait** |
| je voulais<br>tu voulais<br>il voulait<br>nous voulions<br>vous vouliez<br>ils voulaient | j'avais voulu<br>tu avais voulu<br>il avait voulu<br>nous avions voulu<br>vous aviez voulu<br>ils avaient voulu |
| **Passé simple** | **Passé antérieur** |
| je voulus<br>tu voulus<br>il voulut<br>nous voulûmes<br>vous voulûtes<br>ils voulurent | j'eus voulu<br>tu eus voulu<br>il eut voulu<br>nous eûmes voulu<br>vous eûtes voulu<br>ils eurent voulu |
| **Futur simple** | **Futur antérieur** |
| je voudrai<br>tu voudras<br>il voudra<br>nous voudrons<br>vous voudrez<br>ils voudront | j'aurai voulu<br>tu auras voulu<br>il aura voulu<br>nous aurons voulu<br>vous aurez voulu<br>ils auront voulu |
| **Conditionnel présent** | ■ IMPÉRATIF |
| je voudrais<br>tu voudrais<br>il voudrait<br>nous voudrions<br>vous voudriez<br>ils voudraient | **Présent**<br>veuille<br><br>veuillons<br>veuillez |
| ■ PARTICIPE | ■ INFINITIF |
| **Présent** | **Présent** |
| voulant | vouloir |
| **Passé** | **Passé** |
| (ayant) voulu | avoir voulu |

Achevé d'imprimer en juin 2016 par «La Tipografica Varese Srl» Varese
N° éditeur : 2016-1297 - Dépôt légal : mars 2015